Für Ulrike

Theodor Fontanes
Weihnachten

Erzählungen, Gedichte, Briefe, Tagebuchnotizen
und zeitgenössische Rezepte –
zusammengestellt und erläutert von
Antje Erdmann-Degenhardt

Husum

Umschlagbilder: Richard Knötel, Auf dem Weihnachtsmarkt, 1896 (vorne),
Ludwig Dettmann, Marcipan-Künstler, 1891 (hinten)

Die Deutsche Bibliothek – CIP-Einheitsaufnahme

Fontane, Theodor:
[Weihnachten]
Theodor Fontanes Weihnachten : Erzählungen, Gedichte,
Briefe, Tagebuchnotizen und zeitgenössische Rezepte / zsgest.
und erl. von Antje Erdmann-Degenhardt. – Husum : Husum,
1996
ISBN 3-88042-789-5
NE: Erdmann-Degenhardt, Antje [Hrsg.]

© 1996 by Husum Druck- und Verlagsgesellschaft mbH u. Co. KG,
Husum
Satz: Fotosatz Husum GmbH
Druck und Verarbeitung: Husum Druck- und Verlagsgesellschaft
Postfach 1480, D-25804 Husum
ISBN 3-88042-789-5

Vorwort

„Nun aber wird es Weihnacht und das schönste Fest
kommt heran; alle Mütter in der Christenheit freuen
sich, schenken zu können, und alle Kinder freuen sich,
beschenkt zu werden."

Theodor Fontane, Zeitungsbericht für die „Kreuz"-Zeitung
vom 24. Dezember 1857

Im Gegensatz zu seinem Freund Theodor Storm (1817–1888) beschreibt Theodor Fontane (1819–1898) überwiegend nur in seinem literarischen Werk, wie den Romanen, Novellen, Reiseschilderungen und Gedichten, die Vorweihnachts- und Festtagsstimmung, ohne sie selbst besonders intensiv zu erleben. Sein Zeitgenosse Storm, der bewußt als Patriarch einer großen Familie mit zahlreichen Festtags-Traditionen lebte, war hingegen ein aktiver Vorbereiter der Weihnachtszeit. Die Vorfreude und Betätigung in der Adventszeit war diesem ebenso ein Anliegen wie die festlichen Tage selbst. Storm war ein eifriges Beschäftigen in der Weihnachtszeit mit Basteleien und Kuchenbacken alljährlich ebenso ein inneres Bedürfnis wie die Gestaltung des eigentlichen Heiligen Abends.

Theodor Fontane, dieser brillante Romancier und Causeur, läßt überwiegend nur Fremde Vorweihnachts- und Festtagsstimmung erleben.

Sei es, daß sein Lebenszuschnitt ihm kein wohliges, von langer Hand vorbereitetes Fest gestattete, sei es, daß er, der überwiegend von dem Ertrag seiner Feder leben mußte, bis zum 24. Dezember jeweils von Terminen gehetzt wurde, sei es aber auch, daß weder er, noch seine Ehefrau den Weihnachtstagen einfach eine wochenübergreifende Gemütlichkeit und grundlegende Festlichkeit zubilligen wollten – bei Fontane wird auf jeden Fall nicht so viel geweihnachtet wie bei Storm! Und dennoch vermittelt er uns, insbesondere in seinem historischen Roman „Vor dem Sturm", der im Oderbruch in der Zeit der Napoleonischen Wirren spielt, in epischer Breite, mit unterschiedlicher personeller Beteiligung, ein behagliches weihnachtliches Gefühl, das sich mit Kirsch-Punsch, Eiergrog und Unmengen von Kuchen dem Leser angenehm mitteilt.

Die persönlich erlebte Weihnachtszeit mit Kochen, Backen, Braten, Tannenbaum und Geschenken in der ganzen Fülle von Düften und Geschmacksnoten bringt er uns eigentlich nur in seinen Swinemünder Kindheitserinnerungen dar. Diese entstanden erst 1894, auf Anraten seines Hausarztes Dr. Wilhelm Delhaes (1843 – 1912), der dadurch – mit Erfolg – die Heilung Fontanes damaliger depressiver Befindlichkeit erhofft hatte.

Vergleicht man die kurzen, zumeist lapidaren Tagebuchbemerkungen Jahr für Jahr zum Weihnachtsfest mit der Rückschau auf diese Kindheit im Apothekerhaus in Swinemünde in „Meine Kinderjahre", so greift er in den Erinnerungen die Grundstimmung auf, die man eigentlich von diesen festlichen Tagen unmittelbar vor der Jahreswende erwartet und von der in seinen Briefen nur selten, in seinen Tagebuchnotizen so gut wie nie etwas zu lesen ist: Erwartung, Vorfreude, familiäres, harmonisches Beieinandersein.

Fügt man aber alles zusammen, was sich an Weihnachtlichem in seinen literarischen Arbeiten findet, so kommt doch viel Schönes zusammen.

So seien Sie ein Weihnachtsgast bei Theodor Fontane – ob in Swinemünde, im Oderbruch bei Küstrin, in Berlin oder London – ein Weihnachtsgast im 19. Jahrhundert!

Antje Erdmann-Degenhardt

Märkische Weihnachten
zu Beginn des 19. Jahrhunderts

Im Jahre 1878 erscheint Fontanes großes historisches Werk „Vor dem Sturm", Roman aus dem Winter 1812/1813 . Jahrelang hat er daran gearbeitet und ihn immer wieder, zugunsten anderer Projekte, beiseitegelegt. Er behandelt den Widerstand Preußens gegen die aus Rußland zurückflutenden napoleonischen Truppen aus der Sicht einer märkischen Gutsbesitzerfamilie im Oderbruch, nahe Küstrin und Frankfurt. Einer der Helden in „Vor dem Sturm" ist Lewin von Vitzewitz aus dem Hause Hohen-Vietz, der zum Weihnachtsfest vom Kutscher seines Vaters in einer nächtlichen Schlittenfahrt von Berlin nach Hause, auf das väterliche Stammgut, geholt wird.

Der im Jahre 1819 in Neuruppin (Mark Brandenburg) geborene Fontane hat noch einen starken persönlichen Bezug zu dieser Zeit. Denn erst 1826 verstirbt in Berlin sein im Jahre 1757 geborener Großvater väterlicherseits, Pierre Barthélemy Fontane, der Zeichenlehrer der Kinder Friedrich Wilhelms II., später bis 1806 Kabinettssekretär der Königin Luise und im Alter Kastellan von Schloß Niederschönhausen gewesen ist. Durch dreimalige Eheschließungen ist er zu einem gewissen Wohlstand gekommen. Oft besucht ihn sein Sohn, der Apotheker Louis Henri Fontane (1796–1867), zusammen mit dem Enkel Theodor, von Neuruppin aus mit Pferd und Wagen. Die beiden Herren Fontane sind, wie später auch Theodor, historisch interessiert und von einer unerschöpflichen Eloquenz. So wird man dem Jungen schon früh die Zeiten der Königin Luise und Napoleons und auch vorweg die Rheinsberger Tage des Prinzen Heinrich nahe gebracht haben, die er lebendig in seinen großen Roman einarbeitet.

Im Jahre 1880 vermerkt Fontane in seinem Tagebuch über das Jahr 1878 und das Erscheinen seines Romans „Vor dem Sturm":

<...> „Im Dezember nach Küstrin <...> Um dieselbe Zeit erscheint – nach vorgängigem Abdruck in ‚Daheim' – mein Roman ‚Vor dem Sturm' bei W. Hertz[1]. Es knüpfen sich, wie gewöhnlich, viele Hoffnungen daran, die sich (ich schreibe das 2 Jahre später) wie gewöhnlich n i c h t erfüllen sollen. Und doch ist es ein gutes Buch, ein Leben. Einzelne werden sich noch drum kümmern und dran erfreun, wenn der Dreck, der jetzt den Tag regiert, längst vergessen ist. Das Beste, was ihm passiren kann. – Zum Fest kommt George[2] von Oranienstein[3] auf Besuch. Geburtstag und Sylvester werden herkömmlich absolvirt: Sherry – Punsch und eine Rede von Friedel[4]."

Jahre später schenkt Fontane seinem Patensohn Hans Sternheim[5] ein Exemplar des Werkes zum Weihnachtsfest 1895 und reimt dazu:

„Wannsee, Westend, ist alles bloß Kietz[6],
Kaufe dir was wie Hohen-Vietz,

Werde wie Vitzewitzens Lewin
(Vom Hausvogteiplatz[7] – d e n laß ziehn),
Werde klug und werde hell,
Aber nicht so poetisch wie Hansen-Grell[8],
Vor allem werde nicht wie Bninski[9],
Forscher Kerl, aber Lukrinski[10]."

Der Oderbruch mit seinen schluchtenreichen bewaldeten steilen Hängen, dem tiefen Einschnitt des alten Oderarmes, war Fontane durchaus vertraut, da sein Vater hier im Jahre 1838 die Apotheke in dem kleinen Ort Letschin kaufte und Fontane darin von 1843–1845 als Gehilfe tätig war. Auch besuchte er seinen Vater in dessen Alterswohnung in Schiffmühle in einem mehr als bescheidenen, immer noch bestehenden Häuschen in der Nähe der heutigen polnischen Grenze, unweit des malerischen Badeortes Freienwalde.

Bei der Beschreibung des mit Kerzen geschmückten Weihnachtsbaumes im Gutshause zu Hohen-Vietz begeht Fontane entweder einen Anachronismus oder er stellt das Aufrichten des Tannenbaumes als etwas sehr viel Selbstverständlicheres hin, als es zu Beginn des 19. Jahrhunderts in Brandenburg war. Denn der geschmückte Weihnachtsbaum hatte noch nicht allgemein Einzug gehalten.

Zwar mißbilligt bereits Friedrich der Große (1712–1786), der die Kartoffel als Nahrungsmittel in seinem Lande einführen ließ, im Jahre 1755 die Sitte, einen Weihnachtsbaum mit vergoldeten „Erdäpfeln" zu putzen, so daß davon ausgegangen werden muß, daß geschmückte Nadelbäume, in welcher dekorierten Form auch immer, schon im 18. Jahrhundert ihren Einzug in Berliner und Brandenburger Stuben gehalten haben müssen:

„Als ein lächerlicher Nutzen der Erdäpfel wird beigefügt, daß in hiesigen Gegenden manche Leute um die Weihnachtszeit grüne Fichten in die Stuben bringen und selbige mit vergoldeten Erdäpfeln putzen lassen, um den Kindern eine Gestalt von Paradiesäpfeln vorzuspiegeln[11]."

Doch war die Fichte als „Tannenbaum" oder „Weihnachtsbaum" noch nicht allgemein verbreitet.

Im 18. Jahrhundert schmückte man in Berlin und der Mark Brandenburg den Weihnachtstisch zumeist mit der sogenannten „Pyramide", einem Gestell, das aus mehreren, sich verkleinernden Reifen und Längsstreben hergestellt war, die mit Tanne oder Buchs umflochten wurden. Auf ihnen befestigte man Lichter, auf die Spitze kam manchmal ein kleines Windrad, in Anlehnung an die geschnitzten Pyramiden aus dem Erzgebirge.

Doch der Weihnachtsbaum breitete sich hier, wie zuvor schon im übrigen Deutschland, unbeirrt aus. Hierbei ist sein Ursprung so ungenau zu belegen, daß noch 1888 die populäre Familienzeitschrift „Die Gartenlaube" durch Alexander Tille, der etwas später, im Jahre 1893, in Leipzig „Die Geschichte der deutschen Weihnacht" herausgab, folgende Fragen aufwarf:

„Ist der Weihnachtsbaum eine christliche Sitte, entstanden in der Zeit der

Vögel aus Wachs, hohl, im mit Lamettabürsten und Kreppapier verzierten Ring. Im Hintergrund lasierte Zinnsterne. Mitte bis Ende 19. Jhd.

Kolorierte Radierung (um 1810).

Reformation, der Zeit, wo allenthalben ein lebendiges Glaubensleben wieder rege wurde, oder ragt er, ein uraltes Sinnbild des großen Sonnen- und Himmelsbaumes, aus der grauen Heidenzeit herüber? Das ist eine Rätselfrage, auf die wir heute noch keine Antwort zu geben vermögen, heute, wo das Material noch in jeder Beziehung lückenhaft vorliegt. Daß aber der Zeitpunkt, wo dies möglich sein wird, bald komme, ist gewiß wünschenswert, und es ergeht daher an alle Leser der ‚Gartenlaube‘, an Alt und Jung, an jeden, der ein Herz für den schönsten Schmuck des deutschen Christfestes hat, die Bitte um Mitteilung von Nachrichten über den Weihnachtsbaum, woher sie auch kommen mögen, aus verstaubten Bänden, aus alten Briefen, aus der lebendigen Überlieferung des Volkes, oder aus dem Schatz der eigenen Erinnerung. Die Redaktion der ‚Gartenlaube‘ ist gern erbötig, derartige Sendungen entgegen zu nehmen.“

Schriftliche Belege für den Brauch, einen geschmückten Weihnachtsbaum im Innern der Häuser aufzustellen, findet man erstmals erstaunlicherweise nicht in Schilderungen von Familienfeiern. Vielmehr ist in der Beschreibung von städtischen Zunftbräuchen der Handwerkerschaft davon berichtet. Ingeborg Weber-Kellermann ist in ihrer 1978 erschienenen Kultur- und Sozialgeschichte der Weihnachtszeit „Das Weihnachtsfest“ den Ursprüngen nachgegangen:

„Wann fängt die Geschichte des Weihnachtsbaumes an – eines geschmückten Tannenbaumes im Innern des Hauses? Die frühesten Belege für dieses Symbol stammen aus der Lebenswelt des städtischen Handwerks, aus den

Festgebräuchen der Zünfte, zunächst noch nicht aus der Familienstube. Eine Bremer Zunftchronik des Jahres 1570 berichtet von einem ‚Dattelbäumchen‘, einem kleinen Tannenbaum, mit Äpfeln, Nüssen, Brezeln und Papierblumen besteckt und aufgestellt im Zunfthaus, den die Kinder der Zunftgenossen zu Weihnachten abschütteln durften.

1597 zogen die Schneidergesellen von Basel zu Weihnachten mit einem grünen Baum voll Äpfeln und Käse umher, den sie dann in ihrer Herberge aufstellten und plünderten. Und die Schlettstadter Mitglieder der ‚Stubengesellschaft‘ (einer Art von Honoratiorenvereinigung des elsässischen Städtchens) stellten um 1600 einen mit Äpfeln und Oblaten geschmückten ‚Mayen‘ auf, einen grünen Baum, den Kindern am Dreikönigstag zum Abplündern freigegeben.

Aus diesem geselligen Bereich übernahmen dann allmählich die Familien das Weihnachtsbäumchen, das aber, wohlgemerkt, noch keine Kerzen trug. <...> Im 17. und 18. Jahrhundert wurde der Weihnachtsbaum von Stadt zu Stadt verbreitet, aber noch nicht auf dem Lande. Hohe Beamte und wohlhabende Bürger übernahmen und pflegten die neue Mode. <...> Neben die bürgerliche Handwerkerwelt trat aber schon früh ein weiterer Kreis als Träger weihnachtlicher Baumbräuche ins Blickfeld: die europäische Aristokratie und ihre Fürstenhöfe. <...> So wurde der Weihnachtsbaum mindestens seit dem 18. Jahrhundert bei den höheren Ständen in ganz Europa bekannt. <...> Im Laufe des 19. Jahrhunderts verbreitete sich die schöne Sitte nach Amerika und weiteren überseeischen Gebieten. Aber bis zu dem Zeitraum von 1850 bis 1870 waren es in Deutschland wie auch in den anderen Ländern vornehmlich Aristokratie und Großbürgertum, die den Brauch pflegten.“

Ein frühes schriftliches Zeugnis für den Tannenbaum im Berliner Raum – und ein allgemeiner Hinweis auf die Bescherung am Weihnachtsfest ist in zwei Briefen enthalten, die Caroline Humboldt, geb. Dacheröden (1766–1829) an ihren Mann Wilhelm (1767–1835) am 23. Dezember und 29. Dezember 1815 verfaßte. Möglicherweise beinhaltet der erste Brief auch die Bezugnahme auf eine „Weihnachtskrone“. Das war ein Radleuchter, der an der Decke aufgehängt wurde :

„Der Weihnachtsabend ist allerdings eine fixe Idee bei den Berlinern, denn nicht die Kinder allein, alles in der Familie und auch die näheren Freunde, alles beschenkt sich durcheinander. Immer ist etwas Hübsches in dieser Lust, sich gegenseitig recht viel Freude zu machen.

Mein Weihnachten wird diesmal ungemein brillant werden, die Krone wird, seitdem sie im Salon hängt, hier zum ersten Male angesteckt werden, und darunter der Tisch mit allen Geschenken. Die Kinder sind ganz außer sich vor Ungeduld, daß es morgen werde. Ach, wärst Du doch hier!“

„Der Weihnachten ist auf das Schönste ausgefallen. Ach, nur Du fehltest dabei, einzig liebes Herz.

An zwei Enden eines langen Tisches brannten zwei kleine Weihnachtsbäu-

Christbaumschmuck aus geprägtem Karton, Fisch vollplastisch, Trommel zum Öffnen und Befüllen, Ende 19. Jhd.

Dickwandige Glaskugeln, innen mit Blei verspiegelt, Holzfiguren aus dem Erzgebirge, Zinnsterne mit farbiger Lasur verziert sowie Sterne aus feinen Hohlglasperlen. Mitte bis Ende 19. Jhd.

Gabentisch mit zwei Weihnachtsbäumen (1. Hälfte 19. Jhd.).

me, einen bescherte die Gräfin Düben mit allerlei Spielsachen, die drum herumstanden, ihren Kleinen, den andern ich dem Hermann. Seine Hauptspielsachen waren ein Theater, ein sehr schönes Bauspiel, eine Schwadron Kosaken usw. In der Mitte des Tisches lagen und standen Carolinens, Adelheids und Gabriellens Geschenke, auf einem Stuhl daneben Augusts Geschenk, ein Geschirr auf zwei Wagenpferde. Da sich die Schwestern auch noch untereinander beschenkt hatten, so war kein Raum genug, und die erleuchtete Krone und alle übrigen Lichter und Lichterchen machten den Anblick außerordentlich hübsch."

Die erste bekannte literarische Darstellung des geschmückten Tannenbaumes in einer bürgerlichen Wohnung, nämlich bei dem Medizinalrat Stahlbaum, findet sich aus dem Berliner Raum in der 1816 erschienenen Novelle „Nußknacker und Mausekönig" von E. T. A. Hoffmann (1776–1822):

„Der große Tannenbaum in der Mitte trug viele goldene und silberne Äpfel, und wie Blüten und Knospen keimten Zuckermandeln und bunte Bonbons, und was es sonst noch für schönes Naschwerk gibt, aus allen Ästen. Als das Schönste an dem Wunderbaum mußte aber wohl gerühmt werden, daß in seinen Zweigen hundert kleine Lichter wie Sternlein funkelten und er in sich selbst hinein- und herausleuchtend die Kinder freundlich einlud, seine Blüten und Früchte zu pflücken."

In einer Abhandlung „Zur Geschichte des Weihnachtsbaumes" aus dem Jahre 1891 schreibt der Kieler Arzt Dr. med. H.-L. Krause:

„Die Sitte, am Weihnachtsabend einen Tannenbaum (Rottanne, Pinus Abies L., Fichte) mit Lichtern zu schmücken, gilt nicht nur der heranwachsenden Generation, sondern auch der erwachsenen als alt und urdeutsch. Aber in Schleswig-Holstein und Nordwestdeutschland giebt es außer dem Wacholder kein inländisches Nadelholz. Nur im Harz hatten die Niedersachsen Gelegenheit, Tanne, Fichte, Kiefer und Eibe kennen zu lernen. <...> Im Mittelalter existierte der Volksglaube – und in einigen Gegenden existiert er anscheinend noch –, daß bestimmte Bäume oder Sträucher in der Christnacht blühen. Thatsächliche Vorkommnisse haben diesen Glauben bestärkt, wenn nicht überhaupt veranlaßt. <...> Aus dem im Freien im Blütenschmucke prangenden Festbaum hat sich allmählich der lichterglänzende Tannenbaum der wohlgeheizten Stube entwickelt. <...> Im Brandenburgischen wird am Ende des vorigen Jahrhunderts der mit Äpfeln prangende Taxusbaum gepriesen, später lieferten die Kieferwälder die Festbäume für Berlin, dann gewann die Fichte die Oberhand. Jetzt scheint die Edeltanne Eingang zu finden."

Fontane läßt den Weihnachtsbaum in seiner dichterischen Vorstellung im Jahre 1812 nicht nur in dem Hohen-Vietzer Herrenhaus, sondern auch bei einem schlichten Gastwirtsehepaar in einem Dorfe zwischen Berlin und Küstrin mit Kerzen und Ketten aufleuchten. Doch da sich erst Mitte des 19. Jahrhunderts die Fichte als Weihnachtsbaum allgemein durchsetzte – zuvor behalf man sich mit der heimischen Kiefer oder den oben beschriebenen „Pyramiden" –, mag dieser Weihnachtsbaum in dem bescheidenen Krügerhaushalt noch nicht so ganz authentisch gewesen sein.

Allerdings bemerkt Sybil Gräfin Schönfeldt in ihrem 1980 erschienenen Buch „Das große Ravensburger Buch der Feste und Bräuche", leider ohne Quellenangabe:

„Der Tannenbaum scheint ursprünglich in Südwestdeutschland zum Weihnachtsbaum geworden zu sein. Aus dem Elsaß und dem Schwarzwald gibt es die ersten Zeugnisse für die geschmückte Tanne, die dann durch Martin Luther und die Reformatoren zum Weihnachtssymbol des Protestanten erklärt wurde, so wie die Krippe zur katholischen Weihnacht gehört. Dieser Unterschied hat lange bestanden. Erst im 19. Jahrhundert wurde die Tanne in der Zeit der Freiheitskriege gegen Napoleon das Sinnbild des Deutschtums und damit das Weihnachtssymbol beider Konfessionen und in beiden Kirchen aufgestellt: in katholischen Kirchen bis heute allerdings ohne Schmuck und Kerzen."

Somit könnte Fontane vielleicht ganz bewußt das Aufstellen des Weihnachtsbaumes in der Krüger-Wohnung als ein Widerstandszeichen gegen die auf dem Rückzug aus Rußland befindlichen französischen Truppen, denen Berndt von Vitzewitz und seine Freunde nachstellen, in seinen Roman eingebaut haben.

Ingeborg Weber-Kellermann hält hingegen das Aufstellen des Weihnachtsbaumes für ein Zeichen des Nationalbewußtseins der Deutschen gegen Frank-

Frühe unverspiegelte Glaskugeln mit farbigem Gelatineüberzug, verziert mit Messing-draht und -spiralen sowie Chenillefäden, Messingaufhänger. Im Hintergrund Sterne aus Messingdraht. 2. Hälfte 19. Jhd.

Karl Becker, Weihnachten im Felde (1870–1871).

reich zur Zeit Napoleons III. Eigentlich sei bis in die siebziger Jahre des vorigen Jahrhunderts die Weihnachtspyramide („Perchtemiete", „Perjamiede" oder auch „Berjamide" im Volksmund genannt) die gängige, da preiswerte Weihnachtsdekoration der ärmeren Berliner Bevölkerungsschicht und der ländlichen Einwohner Brandenburgs gewesen, doch mit dem Krieg 1870/71 habe sich dieses geändert:

„Um 1870 fuhren die Landbewohner der Berliner Umgegend mit Pyramiden und Weihnachtsgeschenken zur Stadt hinaus. Sie (die Pyramide, Anm. d. Herausgeb.) fand sich bis zum zweiten Weltkrieg noch vereinzelt bei Schiffern auf dem Finowkanal: als Holzgestell, mit Tannen und buntem Glanzpapier umwunden. <...> Eine allgemeinere Verbreitung des Weihnachtsbaumes als ‚echt deutsches' Festsymbol brachte zuerst der deutsch-französische Krieg 1870/71. Am Heiligabend dieses Kriegswinters waren auf Wunsch der aristokratischen Heerführer in den Lazaretten, Quartieren und Unterständen Weihnachtsbäume entzündet worden, in deren Kerzenschein eine Fülle von Emotionen schimmerten. Heimweh und Familiengefühl, Friedenssehnsucht und nationaler Stolz, ja, deutscher Chauvinismus, das alles waberte nun im weihnachtlichen Lichterglanz. Und die heimgekehrten Soldaten sorgten dafür, daß bald in jedem deutschen Haus ebenso ein Weihnachtsbaum erstrahlte wie im Schloß des Kaisers. So wurde er in jener Zeit eine Art von Symbol für deutschen Sieg und Frieden, für deutsches Wesen, verbunden mit der bürgerlichen Utopie von einer heilen Welt."

17

Daheim

Ein deutsches Familienblatt mit Illustrationen.

Erscheint wöchentlich und ist durch alle Buchhandlungen und Postämter vierteljährlich für 2 Mark zu beziehen.
Kann im Wege des Buchhandels auch in Heften bezogen werden.

XIV. Jahrgang. Ausgegeben am 5. Januar 1878. Der Jahrgang läuft vom Oktober 1877 bis dahin 1878. 1878. № 14.

Zum neuen Jahre.

Ein Jahr entschwand, es war ein Jahr voll Gnaden.
O du, mein Volk, vergiß des Herren nicht!
Sein treuer Arm bewahrte dich vor Schaden,
Reich war der Tisch, an den er dich geladen,
Groß seine Huld und schonend sein Gericht.
In Frieden ruhten deines Landes Marken,
Des Krieges dumpfe Donner blieben fern,
Und sicher liegt dein Scepter in den starken
Den sieggewohnten Händen des Monarchen:
O du, mein Volk, gedenke deines Herrn!

Ein Jahr entschwand — o wilde Flucht der Zeiten!
Wie strömt dahin das Leben Well' auf Well'!
Was suchest du am Ufer kurze Freuden?
Was schrecken dich vom Ufer kurze Leiden?
Schon reißt dich fort das rauschende Gefäll!
Der Erde Blüten sinken welkend nieder,
Empor, mein Herz! Dort sind die ew'gen Güter,
Dort ist das Ziel, dort winkt ein Stern!
Im Ewigen ist Friede der Gemüther.
O du, mein Volk, gedenke deines Herrn!

Ein Jahr beginnt, trüb dämmert es im Morgen,
Wer sagt dem ahnungsvollen Herzen an,
Welch ein Geschick in seinem Schoß verborgen?
Heilt es die alten, bringt es neue Sorgen?
Ist dornenvoll, ist friedvoll seine Bahn?
Getrost! Der Höchste sitzt im Regimente!
Sein ist der Segen, und Er segnet gern,
Daß sich Sein Vaterauge zu dir wende,
Daß Er am Tag der Noth dir Hilfe spende,
O du, mein Volk, gedenke deines Herrn!

Ein Jahr beginnt, Heil uns, die wir's erleben!
Uns schlägt zur Arbeit eine neue Frist.
Wohlan, frischauf! zu neuem Thun und Streben!
Es rege sich, wem Kunst und Kraft gegeben,
Es wirke fröhlich, wer im Lichte ist!
Und wenn die Pflichten schwer und sauer dünken,
So lerne dulden und zu hoffen fern'!
Wenn des Erfolges Sterne andern blinken,
Wenn müd' im Kampfe dir die Hände sinken,
O du, mein Herz, gedenke deines Herrn!

Karl Hackenschmidt.

Vor dem Sturm.

Nachdruck verboten.
Ges. v. 11. VI. 70.

Historischer Roman von Theodor Fontane.

1. Heiligabend.

Es war Weihnachten 1812, heiliger Abend. Einzelne Schneeflocken fielen und legten sich auf die weiße Decke, die schon seit Tagen in den Straßen der Hauptstadt lag. Die Laternen, die an lang ausgespannten Ketten hingen, gaben nur ärmliches Licht; in den Häusern aber wurde es von Minute zu Minute heller und der „heilige Christ“, der hier und dort schon einzuziehen begann, warf seinen Glanz auch in das draußen liegende Dunkel.

So war es auch in der Klosterstraße. Die „Singuhr“ der Parochialkirche setzte eben ein, um die ersten Takte ihres Liedes zu spielen, als ein Schlitten aus dem Gasthof zum grünen Baum herausfuhr und gleich darauf schräg gegenüber vor einem zweistöckigen Hause hielt, dessen hohes Dach noch

XIV. Jahrgang. 14. b.

Vorabdruck des Romans „Vor dem Sturm“.

Heiligabend im Jahre 1812

(aus: „Vor dem Sturm")

„Es war Weihnachten 1812, Heiliger Abend. Einzelne Schneeflocken fielen und legten sich auf die weiße Decke, die schon seit Tagen in den Straßen der Hauptstadt lag. Die Laternen, die an lang ausgespannten Ketten hingen, gaben nur spärliches Licht; in den Häusern aber wurde es von Minute zu Minute heller, und der ‚Heilige Christ', der hier und dort einzuziehen begann, warf seinen Glanz auch in das draußen liegende Dunkel.

So war es auch in der Klosterstraße. Die ‚Singuhr' der Parochialkirche setzte eben ein, um die ersten Takte ihres Liedes zu spielen, als ein Schlitten aus dem Gasthof ‚Zum grünen Baum' herausfuhr und gleich darauf schräg gegenüber vor einem zweistöckigen Hause hielt, dessen hohes Dach noch eine Mansardenwohnung trug. Der Kutscher des Schlittens, in einem abgetragenen, aber mit drei Kragen ausstaffierten Mantel, beugte sich vor und sah nach den obersten Fenstern hinauf; als er jedoch wahrnahm, daß alles ruhig blieb, stieg er von seinem Sitz, strängte die Pferde ab und schritt auf das Haus zu, um durch die halb offenstehende Tür in dem dunklen Flur desselben zu verschwinden. Wer ihm dahin gefolgt wäre, hätte notwendig das stufenweise Stapfen und Stoßen hören müssen, mit dem er sich, vorsichtig und ungeschickt, die drei Treppen hinauffühlte.

Der Schlitten, eine einfache Schleife[12], auf der ein mit einem sogenannten ‚Plan' überspannter Korbwagen befestigt war, stand all die Zeit über ruhig auf dem Fahrdamm, hart an der Öffnung einer hier aufgeschütteten Schneemauer. Der Korbwagen selbst, mutmaßlich um mehr Wärme und Bequemlichkeit zu geben, war nach hinten zu, bis an die Plandecke hinauf, mit Stroh gefüllt; vorn lag ein Häckselsack, gerade breit genug, um zwei Personen Platz zu gönnen. Alles so primitiv wie möglich. Auch die Pferde waren unscheinbar genug, kleine Ponys, die gerade jetzt in ihrem winterlich rauhen Haar ungeputzt und dadurch ziemlich vernachlässigt aussahen. Aber wie immer auch, die russischen Sielen, dazu das Schellengeläut, das auf rot eingefaßten, breiten Ledergurten über den Rücken der Pferde hing, ließen keinen Zweifel darüber, daß das Fuhrwerk aus einem guten Hause sei.

So waren fünf Minuten vergangen oder mehr, als es auf dem Flur hell wurde. Eine Alte in einer weißen Nachthaube, das Licht mit der Hand schützend, streckte den Kopf neugierig in die Straße hinaus; dann kam der Kutscher mit Mantelsack und Pappkarton; hinter diesem, den Schluß bildend, ein hochaufgeschossener junger Mann von leichter, vornehmer Haltung. Er trug eine Jagdmütze, kurzen Rock und war in seiner ganzen Oberhälfte unwinterlich gekleidet. Nur seine Füße steckten in hohen Filzstiefeln. ‚Frohe Feiertage, Frau Hulen', damit reichte er der Alten die Hand, stieg auf die Deichsel und nahm Platz neben dem Kutscher. ‚Nun vorwärts, Krist; Mit-

Theodor Hosemann (1807–1875), Waldteufelverkäufer auf dem Berliner Weihnachtsmarkt, 1847.

20

ternacht sind wir in H o h e n - V i e t z. Das ist recht, daß Papa die Ponys geschickt hat.'

Die Pferde zogen an und versuchten es, ihrer Natur nach, in einen leichten Trab zu fallen; aber erst als sie die Königstraße mit ihrem Weihnachtsgedränge und Waldteufelgebrumm[13] im Rücken hatten, ging es in immer rascherem Tempo die Landsberger Straße entlang und endlich unter immer munterer werdendem Schellengeläut zum Frankfurter Tore hinaus.

Draußen umfing sie Nacht und Stille; der Himmel klärte sich, und die ersten Sterne traten hervor. Ein leiser, aber scharfer Ostwind fuhr über das Schneefeld, und der Held unserer Geschichte, L e w i n v o n V i t z e w i t z, der seinem väterlichen Gute H o h e n - V i e t z zufuhr, um die Weihnachtsfeiertage daselbst zu verbringen, wandte sich jetzt, mit einem Anflug von märkischem Dialekt, an den neben ihm sitzenden Gefährten. ‚Nun, Krist, wie wär es? Wir müssen wohl einheizen.' Dabei legte er Daumen und Zeigefinger ans Kinn und paffte mit den Lippen. Dies ‚wir' war nur eine Vertraulichkeitswendung; Lewin selbst rauchte nicht. Krist aber, der von dem Augenblick an, wo sie die Stadt im Rücken hatten, diese Aufforderung erwartet haben mochte, legte ohne weiteres die Leinen in die Hand seines jungen Herrn und fuhr in die Manteltasche, erst um eine kurze Pfeife mit bleiernem Abguß, dann um ein neues Paket Tabak daraus hervorzuholen. Er nahm beides zwischen die Knie, öffnete das mit braunem Lack gesiegelte Paket, stopfte und begann dann mit derselben langsamen Sorglosigkeit nach Stahl und Schwamm zu suchen. Endlich brannte es; er tat, indem er wieder die Leine nahm, die ersten Züge, und während jetzt kleine Funken aus dem Drahtdeckel hervorsprühten, ging es auf Friedrichsfelde zu, dessen Lichter ihnen über das weiße Feld her entgegen schienen.

Das Dorf lag bald hinter ihnen. Lewin, der sich's inzwischen bequem gemacht und durch festeren Aufbau einiger Strohbündel eine Rückenlehne hergerichtet hatte, schien jetzt in der Stimmung, eine Unterhaltung aufzunehmen. Ehe des Kutschers Pfeife brannte, wär es ohnehin nicht rätlich gewesen. <...> Die Sterne traten immer zahlreicher hervor. Lewin lupfte die Kappe, um sich die Stirn von der frischen Winterluft anwehen zu lassen, und sah staunend und andächtig in den funkelnden Himmel hinauf. Es war ihm, als fielen alle dunklen Geschicke, das Erbteil seines Hauses, von ihm ab und als zöge es lichter und heller von oben her in seine Seele. Er atmete auf. Zwei, drei Schlitten flogen vorüber, grüßten und sangen, sichtlich Gäste, die im Nebendorf die Bescherung nicht versäumen wollten; dann, ehe fünf Minuten um waren, glitt das Gefährt unserer zwei Freunde unter den Giebelvorbau des Bohlsdorfer Kruges.

Bohlsdorf war drittel Weg. Niemand kam. An den Fenstern zeigte sich kein Licht; die Krügersleute mußten in den Hinterstuben sein und das Vorfahren des Schlittens, trotz seines Schellengeläutes, überhört haben. Krist nahm wenig Notiz davon. Er stieg ab, holte eine der Stehkrippen heran, die beschneit an dem Hofzaun entlang standen und schüttete den Pferden ihren Hafer ein.

Auch Lewin war abgestiegen. Er stampfte ein paarmal in den Schnee, wie um das Blut wieder in Umlauf zu bringen, und trat dann in die Gaststube, um sich zu wärmen und einen Imbiß zu nehmen. Drinnen war alles leer und dunkel; hinter dem Schenktisch aber, wo drei Stufen zu einem höher gelegenen Alkoven führten, blitzte der Christbaum von Lichtern und goldenen Ketten. In diesem Weihnachtsbilde, das der enge Türrahmen einfaßte, stand die Krügersfrau in Mieder und rotem Friesrock[14] und hatte einen Blondkopf auf dem Arm, der nach den Lichtern des Baumes langte. Der Krüger selbst stand neben ihr und sah auf das Glück, das ihm das Leben und dieser Tag beschert hatten.

Lewin war ergriffen von dem Bilde, das fast wie eine Erscheinung auf ihn wirkte. Leiser als er eingetreten war, zog er sich wieder zurück und trat auf die Dorfstraße. Gegenüber dem Kruge, von einer Feldsteinmauer eingefaßt, lag die Bohlsdorfer Kirche, ein alter Zisterzienserbau aus den Tagen der ersten Kolonisation. Es klang deutlich von drüben her, als würde die Orgel gespielt, und Lewin, während er noch aufhorchte, bemerkte zugleich, daß eines der kleinen, in halber Wandhöhe hinlaufenden Rundbogenfenster matt erleuchtet war. Neugierig, ob er sich täusche oder nicht, stieg er über die niedrige Steinmauer fort und schritt, zwischen den Gräbern hin, auf die Längswand der Kirche zu. Ziemlich inmitten dieser Wand bemerkte er eine Pforte, die nur eingeklinkt, aber nicht geschlossen war. Er öffnete leise und trat ein. Es war, wie er vermutet hatte. Ein alter Mann, mit Samtkäppsel und spärlichem weißen Haar, saß vor der Orgel, während ein Lichtstümpchen neben ihm eine kümmerliche Beleuchtung gab. In sein Orgelspiel vertieft, bemerkte er nicht, daß jemand eingetreten war, und feierlich, aber gedämpften Tones klangen die Weihnachtsmelodien nach wie vor durch die Kirche hin.

Übte sich der Alte für den kommenden Tag, oder feierte er hier sein Christfest allein für sich mit Psalmen und Choral? Lewin hatte sich die Frage kaum gestellt, als er, der Orgel gegenüber, einen zweiten Lichtschimmer wahrnahm; auf der untersten Stufe des Altars stand eine kleine Handlaterne. Als er näher trat, sah er, daß Frauenhände hier eben noch beschäftigt gewesen sein mußten. Ein Handfeger lag da, daneben eine kurze Stehleiter, die beiden Seitenhölzer oben mit Tüchern umwunden. Das Licht der Laterne fiel auf zwei Grabsteine, die vor dem Altar in die Fliesen eingelegt waren; der eine zur Linken enthielt nur Namen und Datum, der andere zur Rechten aber zeigte Bild und Spruch. Zwei Lindenbäume neigten ihre Wipfel einander zu, und darunter standen Verse, zehn oder zwölf Zeilen. Nur die Zeilen der zweiten Strophe waren noch deutlich erkennbar und lauteten:

> Sie sieht nun tausend Lichter,
> Der Engel Angesichter
> Ihr treu zu Diensten stehn;
> Sie schwingt die Siegesfahne
> Auf güldnem Himmelsplane
> Und kann auf Sternen gehn.

Lewin las zwei-, dreimal, bis er die Strophe auswendig wußte; die letzte Zeile namentlich hatte einen tiefen Eindruck auf ihn gemacht, von dem er sich keine Rechenschaft geben konnte. Dann sah er sich noch einmal in der seltsam erleuchteten Kirche um, deren Pfeiler und Chorstühle ihn schattenhaft umstanden, und kehrte, die Türe leise wieder anlehnend, erst auf den Kirchhof, dann, mit raschem Sprung über die Mauer, auf die Dorfstraße zurück.

Der Krug hatte indessen ein verändertes Ansehen gewonnen. In der Gaststube war Licht; Krist stand am Schenktisch im eifrigen Gespräch mit dem Krüger, während die Frau, aus der Küche kommend, ein Glas Kirschpunsch auf den Tisch stellte. Sie plauderten noch eine Weile auch über den alten Küster drüben, der, seitdem er Witmann geworden, seinen Heiligen Abend mit Orgelspiel zu feiern pflegte; dann, unter Händeschütteln und Wünschen für ein frohes Fest, wurde Abschied genommen, und an den stillen Dorfhütten vorbei ging es weiter in die Nacht hincin. <...>

Nicht lange, und der Hohen-Vietzer Kirchturm wurde sichtbar. An oberster Stelle eines Höhenzuges, der nach Osten hin die Landschaft schloß, stand die graue Masse, schattenhaft im funkelnden Nachthimmel.

Dem Sohne des Hauses schlug das Herz immer höher, sooft er dieses Wahrzeichens seiner Heimat ansichtig wurde. Aber er hatte heute nicht lange Zeit, sich der Eigentümlichkeit des Bildes zu freuen. Die beschneiten Parkbäume traten zwischen ihn und die Kirche, und einige Minuten später schlugen die Hunde an, und zwischen zwei Torpfeilern hindurch beschrieb der Schlitten eine Kurve und hielt vor der portalartigen Glastüre, zu der zwei breite Sandsteinstufen hinaufführten.

Lewin, der sich schon vorher erhoben hatte, sprang hinaus und schritt auf die Stufen zu. ‚Guten Abend, junger Herr‘, empfing ihn ein alter Diener in Gamaschen und Frackrock, an dem nur die großen blanken Knöpfe verrieten, daß es eine Livree sein sollte.

‚Guten Abend, Jeetze; wie geht es?‘

Aber über diesen Gruß kam Lewin nicht hinaus, denn im selben Augenblick richtete sich ein prächtiger Neufundländer[15] vor ihm auf und überfiel ihn, die Vorderpfoten auf seine Schultern legend, mit den allerstürmischsten Liebkosungen.

‚Hektor, laß gut sein, du bringst mich um.‘ Damit trat unser Held in die Halle seines väterlichen Hauses. Ein paar Scheite, die im Kamin verglühten, warfen ihr Licht auf die alten Bilder an der Wand gegenüber. Lewin sah sich um, nicht ohne einen Anflug freudigen Stolzes, auf der Scholle seiner Väter zu stehen.

Dann leuchtete ihm der alte Diener die schwere, doppelarmige Treppe hinauf, während Hektor folgte.“

Weihnachtsmorgen auf Hohen-Vietz

(aus: „Vor dem Sturm")

„An Lewins Seele waren inzwischen unruhige Träume vorübergegangen. Die Fahrt im Ostwind hatte ihn fiebrig gemacht, und erst gegen Morgen verfiel er in einen festen Schlaf. Eine Stunde später begann es bereits im Hause lebendig zu werden; auf dem langen Korridor, an dessen Nordostecke Lewins Zimmer gelegen war, hallten Schritte auf und ab, schwere Holzkörbe wurden vor die Feuerstellen gesetzt und große Scheite von außen her in den Ofen geschoben. Bald darauf öffnete sich die Tür, und der alte Diener, der am Abend zuvor seinen jungen Herrn empfangen hatte, trat ein, einen Blaker[16] in der Hand. Hektor blieb liegen, reckte sich auf dem Rehfell und wedelte nur, als ob er rapportieren wolle: Alles in Ordnung. Jeetze setzte das Licht, dessen Flamme er bis dahin mit seiner Rechten sorglich gehütet hatte, hinter einen Schirm und begann alles, was an Garderobenstücken umherlag, über seinen linken Arm zu packen. Er selbst war noch im Morgenkostüm; zu den Samthosen und Gamaschen, ohne die er nicht wohl zu denken war, trug er einen Arbeitsrock von doppeltem Zwillich[17]. Als er alles beisammen hatte, trat er leise, wie er gekommen war, seinen Rückzug an, dabei nach Art alter Leute unverständliche Worte vor sich her murmelnd. An dem zustimmenden Nicken seines Kopfes aber ließ sich erkennen, daß er zufrieden und guter Laune war.

Die Türe blieb halb offen, und das erwachende Leben des Hauses drang in immer mahnenderen, aber auch in immer anheimelnderen Klängen in das wieder still gewordene Zimmer. Die großen Scheite Fichtenholz sprangen mit lautem Krach auseinander, von Zeit zu Zeit zischte das Wasser, das aus den naß gewordenen Stücken in kleinen Rinnen ins Feuer lief, und von der Korridornische her hörte man den sicheren und regelrechten Strich, mit dem Jeetzes Bürste der Hacheln und Härchen, die nicht loslassen wollten, Herr zu werden suchte.

Alles das war hörbar genug, nur Lewin hörte es nicht. Endlich beschloß Hektor, der Ungeduld Jeetzes und seiner eigenen ein Ende zu machen, richtete sich auf, legte beide Vorderpfoten aufs Deckbett und fuhr mit seiner Zunge über die Stirn des Schlafenden hin, ohne weitere Sorge, ob seine Liebkosungen willkommen seien oder nicht. Lewin wachte auf; die erste Verwirrung wich einem heiteren Lachen. ‚Kusch dich, Hektor', damit sprang er aus dem Bett. Der Morgenschlaf hatte ihn frisch gemacht; in wenig Minuten war er angekleidet, ein Vorteil halb soldatischer Erziehung. Er durchschritt ein paarmal das Zimmer, betrachtete lächelnd einen mit vier Nadeln an die Tischdecke festgesteckten Bogen Papier, auf dem in großen Buchstaben stand: ‚Willkommen in Hohen-Vietz', ließ seine Augen über ein paar Silhouettenbilder gleiten, die er von Jugend auf kannte und doch immer wieder mit derselben Freudigkeit begrüßte, und trat dann an eines der zugefrorenen Eckfenster. Sein Hauch taute die

Eisblumen fort, ein Fleckchen, nicht größer wie eine Glaslinse, wurde frei, und sein erster Blick fiel jetzt auf die eben aufgehende Weihnachtssonne, deren roter Ball hinter dem Turmknopf der Hohen-Vietzer Kirche stand. Zwischen ihm und dieser Kirche erhoben sich die Bäume des hügelansteigenden Parkes, phantastisch bereift, auf einzelnen ein paar Raben, die in die Sonne sahen und mit Geschrei den Tag begrüßten.

Lewin freute sich noch des Bildes, als es an die Türe klopfte.

,Nur herein!'

Eine schlanke Mädchengestalt trat ein, und mit herzlichem Kuß schlossen sich die Geschwister in die Arme. Daß es Geschwister waren, zeigte der erste Blick: gleiche Figur und Haltung, dieselben ovalen Köpfe, vor allem dieselben Augen, aus denen Phantasie, Klugheit und Treue sprachen.

,Wie freue ich mich, dich wieder hier zu haben. Du bleibst doch über das Fest? Und wie gut du aussiehst, Lewin! Sie sagen, wir ähnelten uns; es wird mich noch eitel machen.'

Die Schwester, die bis dahin wie musternd vor dem Bruder gestanden hatte, legte jetzt ihren Arm in den seinen und fuhr dann, während beide auf der breiten Strohmatte des Zimmers auf und ab promenierten, in ihrem Geplauder fort.

,Du glaubst nicht, Lewin, wie öde Tage wir jetzt haben. Seit einer Woche flog uns nichts wie Schneeflocken ins Haus.'

,Aber du hast doch den Papa ...'

,Ja und nein. Ich hab' ihn und ich hab ihn nicht; jedenfalls ist er nicht mehr, wie er war. Seine kleinen Aufmerksamkeiten bleiben aus; er hat kein Ohr mehr für mich, und wenn er es hat, so zwingt er sich und lächelt. Und an dem allen sind die Zeitungen schuld, die ich freilich auch nicht missen möchte. Kaum daß Hoppenmarieken[18] in den Flur tritt und das Postpaket aus ihrem Kattuntuch wickelt, so ist es mit seiner Ruhe hin. Er geht an mir vorbei, ohne mich zu sehen. Briefe werden geschrieben; die Pferde kommen kaum noch aus dem Geschirr; zu Wagen und zu Schlitten geht es hierhin und dorthin. Oft sind wir tagelang allein. Ein Glück, daß ich Tante Schorlemmer[19] habe, ich ängstigte mich sonst zu Tode.'

,Tante Schorlemmer! So findet alles seine Zeit.'

,Oh, sie braucht nicht erst ihre Zeit zu finden, sie hat immer ihre Zeit, das weiß niemand besser als du und ich. Aber freilich, eines ist meiner guten Schorlemmer nicht gegeben, einen öden Tag minder öde zu machen. Möchtest du, eingeschneit, einen Winter lang mit ihr und ihren Sprüchen am Spinnrad sitzen?'

,Nicht um die Welt. Aber wo bleibt der Pastor? Und wo bleibt Marie? Ist denn alles zerstoben und verflogen?'

,Nein, nein, sie sind da, und sie kommen auch und sind die alten noch; lieb und gut wie immer. Aber unsere Hohen-Vietzer Tage sind so lang und am längsten, wenn im Kalender die kürzesten stehen. Marie kommt übrigens heute abend; sie hat eben anfragen lassen.'

,Und wie geht es unserm Liebling?'

‚In den drei Monaten, daß du nicht hier warst, ist sie voll herangewachsen. Sie ist wie ein Märchen. Wenn morgen eine goldene Kutsche bei Kniehases vorgefahren käme, um sie aus dem Schulzenhause mit zwei schleppentragenden Pagen abzuholen, ich würde mich nicht wundern. Und doch ängstigt sie mich. Aber je mehr ich mich um sie sorge, desto mehr liebe ich sie.‘

So weit waren die Geschwister in ihren Plaudereien gekommen, als Jeetze – nunmehr in voller Livree – in der Türe erschien, um seinen jungen Herrschaften anzukündigen, daß es Zeit sei.

‚Wo ist Papa?‘

‚Er baut auf. Krist und ich haben zutragen müssen.‘

‚Und Tante Schorlemmer?‘

‚Ist im Flur. Die Singekinder [20] sind eben gekommen.‘

Lewin und Renate nickten einander zu und traten dann heiteren Gesichts und leichten Ganges, ein jeder stolz auf den andern, in den Korridor hinaus. In demselben Augenblick, wo sie an dem Treppenknopf angelangt waren, klang es weihnachtlich von hellen Kinderstimmen zu ihnen herauf. Und doch war es

Rudolf Koller (1828–1905): Kurrende-Knaben in Berlin, um 1847.

27

Karl Müller, Weihnachtsbescherung für Cholera-Waisen.

kein eigentliches Weihnachtslied. Es war das alte ‚Nun danket alle Gott‘, das den märkischen Kehlen am geläufigsten ist und am freiesten aus ihrer Seele kommt. ‚Wie schön‘, sagte Lewin und horchte, bis die erste Strophe zu Ende war.

Als die Geschwister im Niedersteigen den untersten Treppenabsatz erreicht hatten, hielten sie abermals und überblickten nun das Bild zu ihren Füßen. Die gewölbte Flurhalle, groß und geräumig, trotz der Eichenschränke, die umherstanden, war mit Menschen, jungen und alten, gefüllt; einige Mütterchen hockten auf der Treppe, deren unterste Stufen bis weit in den Flur hinein vorsprangen. Links, nach der Park- und Gartentür zu, standen die Kinder, einige sonntäglich geputzt, die andern notdürftig gekleidet, hinter ihnen die Armen des Dorfes, auch Sieche und Krüppel; nach rechts hin aber hatte alles, was zum Hause gehörte, seine Aufstellung genommen: der Jäger, der Inspektor, der Meier, Krist und Jeetze, dazu die Mägde, der Mehrzahl nach jung und hübsch, und alle gekleidet in die malerische Tracht dieser Gegend, den roten Friesrock, das schwarzseidene Kopftuch und den geblümten Manchester-Spenzer[21]. In Front dieser bunten Mädchengruppe gewahrte man eine ältliche Dame über fünfzig, grau gekleidet mit weißem Tuch und kleiner Tüllhaube, die Hände gefaltet, den Kopf vorgebeugt, wie um dem Gesange der Kinder mit mehr Andacht folgen zu können. Es war Tante Schorlemmer. Nur als die Geschwister auf dem Treppenabsatz erschienen, unterbrach sie ihre Haltung und erwiderte Lewins Gruß mit einem freundlichen Nicken.

Nun war auch der zweite Vers gesungen, und die Weihnachtsbescherung an die Armen und Kinder des Dorfes, wie sie in diesem Hause seit alten Zeiten Sitte war, nahm ihren Anfang. Niemand drängte vor; jeder wußte, daß ihm das Seine werden würde. Die Kranken erhielten eine Suppe, die Krüppel ein Almosen, alle einen Festkuchen, an die Kinder aber traten die Mägde heran und schütteten ihnen Äpfel und Nüsse in die mitgebrachten Säcke und Taschen.

Das Gabenspenden war kaum zu Ende, als die große, vom Flur aus in die Halle führende Flügeltüre von innen her sich öffnete und ein heller Lichtschein in den bis dahin nur halb erleuchteten Flur drang. Damit war das Zeichen gegeben, daß nun dem Hause selber beschert werden sollte. Der alte Vitzwitz trat zwischen Türe und Weihnachtsbaum, und Lewins ansichtig werdend, der am Arm der Schwester dem Festzug voraufschritt, rief er ihm zu: ‚Willkommen, Lewin, in Hohen-Vietz.' Vater und Sohn begrüßten sich herzlich; dann setzten die Geschwister ihren Umgang um die Tafel fort, während draußen im Flur die Kinder wieder anstimmten:

> Lob, Ehr und Preis sei Gott
> Dem Vater und dem Sohne,
> Und auch dem Heiligen Geist
> Im hohen Himmelsthrone.

Der Zug löste sich nun auf, und jeder trat an seinen Platz und an seine Geschenke. Alles gefiel und erfreute, die Schals, die Westen, die seidenen Tücher. Da lagerte kein Unmut, keine Enttäuschung auf den Stirnen; jeder wußte, daß schwere Zeiten waren, und daß der heimgesuchte Herr von Hohen-Vietz sich mancher Entbehrung unterziehen mußte, um die gute Sitte des Hauses auch in bösen Tagen aufrecht zu erhalten.

Zu beiden Seiten des Kamins, über dessen breiter Marmorkonsole das überlebensgroße Bild des alten Matthias aufragte, waren auf kleinen Tischen die Gaben ausgebreitet, die der Vater für Lewin und Renaten gewählt hatte. Lieblingswünsche hatten ihre Erfüllung gefunden, sonst waren sie nicht reichlich. An Lewins Platz lag eine gezogene Doppelbüchse, Suhler Arbeit, sauber, leicht, fest, eine Freude für den Kenner.

‚Das ist für dich, Lewin. Wir leben in wunderbaren Tagen. Und nun komm und laß uns plaudern.'

Beide traten in das nebenan gelegene Zimmer, während in der Halle die Weihnachtslichter niederbrannten."

Weihnachten in der Kirche

(aus „Vor dem Sturm")

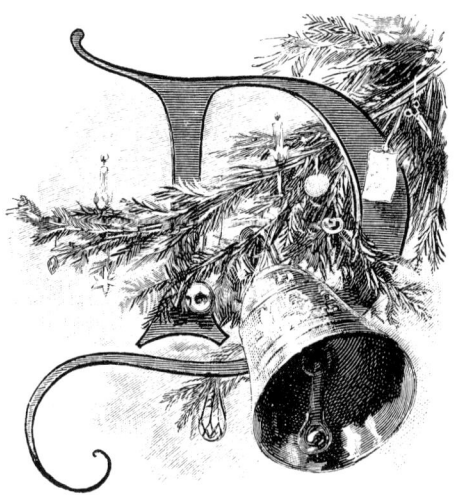

Das Summen der Glocken war noch in der Luft, als Berndt von Vitzewitz, Renaten am Arm, aus einem in den Schnee gefegten Fußsteig in die große Nußbaumallee einbog, die, leise ansteigend, von der Einfahrt des Herrenhauses her in gerader Linie zur Hügelkirche hinaufführte. Dem voraufschreitenden Paare folgten Lewin und Tante Schorlemmer. Alle waren winterlich gekleidet; die Hände der Damen steckten in schneeweißen Grönlandsmuffen; nur Lewin, alles Pelzwerk verschmähend, trug einen hellgrauen Mantel mit weitem Überfallkragen.

Die mehrgenannte Hügelkirche, der sie zuschritten, war ein alter Feldsteinbau aus der ersten christlichen Zeit, aus den Kolonisationstagen der Zisterzienser her; dafür sprachen die sauber behauenen Steine, die Chornische und vor allem die kleinen hochgelegenen Rundbogenfenster, die dieser Kirche, wie allen vorgotischen Gotteshäusern der Mark, den Charakter einer Burg gaben. Wenig hatten die Jahrhunderte daran geändert. Einige Fenster waren verbreitert, ein paar Seiteneingänge für den Geistlichen und die Gutsherrschaft hergerichtet worden; sonst, mit Ausnahme des Turmes und eines neuen Gruftanbaues der nördlichen Langwand, stand alles, wie es zu den Mönchszeiten gestanden hatte. <...>

Als die Bewohner des Herrenhauses die Kirche betraten, begann eben der Gesang der Gemeinde. Eine schmale Treppe, an einem der kleinen Seitengänge ausmündend, führte zu dem herrschaftlichen Stuhle hinauf. Dieser, ein auf Pfeilern ruhender, sehr einfacher Holzbau, war ursprünglich durch hohe Schiebefenster geschlossen gewesen, längst aber waren diese beseitigt und nur noch zwei schmale Bretter, die von der Brüstung bis zur vollen Höhe der Decke aufstiegen, teilten den Raum in drei großen Rahmen ab. Vorn an der Wandung war das Vitzewitzsche Wappen angebracht, ein Andreaskreuz, weiß auf rotem Grunde. <...>

Der Gesang schwieg; schon während des letzten Verses war Prediger Seidentopf auf die Kanzel getreten, ein Sechziger, mit spärlichem weißen Haar, von würdiger Haltung und mild im Ausdruck seiner Züge. Lewin hing an der wohltuenden Erscheinung, senkte dann den Blick und folgte in andächtiger Betrachtung dem stillen Gebet. Die Gemeinde tat ein Gleiches, neigte sich und

Druck von C. Hoffmann in Stuttgart.

Verlag von Gustav Weise in Stuttgart.

Kröll & Michael K. A. Stuttgart.

Preis 1 Groschen, color. 2 Grosch.

31

schaute voll herzlichem Verlangen zu ihrem Geistlichen auf, als dieser sein Gebet beendet und sein Haupt wiederum erhoben hatte. Denn die Gemüter waren damals offen für Trost und Zuspruch von der Kanzel her und rechneten nicht nach, ob die Worte lutherisch oder kalvinistisch klangen, so sie nur aus einem p r e u ß i s c h e n Herzen kamen. Das wußte Seidentopf, der in gewöhnlichen Zeiten manche Widersacher unter den strenggläubigen Konventiklern[22] seines Dorfes zu bekämpfen hatte, und ein heller Glanz, wie ihn ihm die innere Freude gab, umleuchtete seine Stirn, als er nach Lesung des Evangeliums die Textesworte zu erklären begann. Er sprach von dem Engel des Herrn, der den Hirten erschien, um ihnen die Geburt eines neuen Heiles zu verkünden. Solche Engel, so fuhr er fort, sende Gott zu allen Zeiten, vor allem dann, wenn die Nacht der Trübsal auf den Völkern läge. Und eine Nacht der Trübsal sei auch über dem Vaterlande; aber ehe wir es dächten, würde inmitten unseres Bangens der Engel erscheinen und uns zurufen: ‚Fürchtet euch nicht, siehe, ich verkündige euch große Freude.‘ Denn das Gericht des Herrn habe unsere Feinde getroffen, und wie damals die Wasser zusammenschlugen und ‚bedeckten Wagen und Reiter und alle Macht des Pharao, daß nicht einer aus ihnen übrigblieb‘, so sei es wiederum geschehen[23]. <...>

Nun war der Sand durch die Uhr gelaufen, die Predigt selbst geschlossen. Da trat der Pastor noch einmal an den Rand der Kanzel, und mit eindringlicher Stimme, der sofort alle Herzen wieder zufielen, hob er an: ‚Mit Christi Geburt, die wir heute feiern, beginnt das christliche neue Jahr. Ein neues Jahr; was wird es uns bringen? Es wissen zu wollen wäre Torheit; aber zu hoffen ist unserem Herzen erlaubt. Gott hat ein Zeichen gegeben; mögen wir es zum Rechten deuten, wenn wir es deuten: er will uns wieder aufrichten, unsere Buße ist angenommen, unsere Gebete sind erhört.‘ <...>

Er neigte sich jetzt, um in Stille das Vaterunser zu sprechen; die Orgel fiel mit feierlichen Klängen ein; die Gemeinde, sichtlich erbaut durch die Schlußworte, verließ langsam die Kirche. Auf den verschiedenen Schlängelwegen, die von der Kirche ins Dorf hernieder führten, schritten die Bauern und Halbbauern ihren halbverschneiten Höfen zu. Die Frauen und Mädchen folgten. Wer von der Dorfstraße aus diesem Herabsteigen zusah, dem erschloß sich ein anmutiges Bild: der Schnee, die wendischen Trachten und die funkelnde Sonne darüber.“

Hoppenmariekens Weihnachten

(aus: „Vor dem Sturm")

„Hoppenmarieken wohnte auf dem ‚Forstacker', an dessen Rande sich, seit hundert Jahren und länger, eine aus bloßen Lehmkaten bestehende Straße gebildet hatte. <...>

Es war das Armenviertel von Hohen-Vietz, zugleich die Unterkunftsstätte für alle Verkommenen und Ausgestoßenen, eine Art stabil gewordenes Zigeunerlager, das Abgang und Zugang erfuhr, ohne daß sich die Dorfobrigkeit im einzelnen darum gekümmert hätte. <...>

In der letzten, schon auf halber Höhe des Hügels gelegenen Lehmkate wohnte, womit wir unser Kapitel begannen, Hoppenmarieken. <...> Wer aber war Hoppenmarieken? Hoppenmarieken war eine Zwergin. Wo sie eigentlich herstammte, wußte niemand mit Bestimmtheit zu sagen. <...> Schon damals, so hieß es, habe sie so ausgesehen wie jetzt, ebenso alt, ebenso häßlich, habe dieselben hohen Wasserstiefel, dasselbe Kopftuch getragen und sei damals wie heute schon auf weithin kennbar gewesen durch den roten Friesrock, die Kiepe auf ihrem Rücken und den mannshohen, krummstabartigen Stock in ihrer Hand.

Hoppenmarieken, soviel stand fest, hatte sich seitdem auf dem Forstacker eingebürgert und war in der ganzen Südhälfte des Oderbruchs die allergekannteste Person. Dafür sorgte neben ihrer Erscheinung auch ihr Geschäft. Sie hatte deren mehrere. Zunächst war sie Botenläuferin. Dreimal die Woche, wie immer auch Weg und Wetter sein mochte, brach sie je nach dem Posteingange früh morgens oder spät abends auf, empfing Briefe, Zeitungen, Pakete und kehrte zwölf Stunden später, es sei von Frankfurt oder Küstrin, nach Hohen-Vietz zurück. Und dieser Botendienst, wie er sie überall bekannt gemacht hatte, machte sie schließlich, trotz allem, was dann und wann gegen sie laut wurde, auch wohlgelitten. Jeder freute sich, Hoppenmarieken über den Hof kommen und durch eine eigentümliche Bewegung ihres Stockes, die etwas Tambourmajorhaftes hatte, angedeutet zu sehen: ‚Ich bringe Neuigkeiten.‘ Alle Landposten sind wohlgelitten. <...>

Als sie das Mühlengehöft passiert hatte, schwenkte sie links und schritt nun die verschneite Lehmkaten- und Kofenstraße[24] hinauf auf ihr Häuschen zu. Die Tür desselben war nur eingeklinkt, und mit Recht, denn alles, was sich drinnen befand, stand im Schutze seiner eigenen Unheimlichkeit. Völliges Dunkel empfing sie; sie tappte sich mit dem Stock fühlend bis in die Mitte des Flurs, stellte hier Stock und Kiepe beiseite und fuhr dann mit ihrer Hand, die eine Hornhaut hatte, in der Herdasche umher, bis ein paar glühende Kohlen zum Vorschein kamen. Sie blies nun, nahm einen Schwefelfaden und zündete mit Hilfe desselben eine Blechlampe an, ohne übrigens von dem bescheidenen Lichte, das dieselbe gab, zunächst Gebrauch zu machen. Sie kroch vielmehr in ein großes, unmittelbar neben dem Herd befindliches Ofenloch hinein, rührte auch hier mit einem langen, halb verkohlten Scheit in der tief nach hinten liegenden Glut, warf Reisig, Tannenäpfel und ein paar Stücke steinharten Torfes auf und trat nun erst in die Stube.

Diese war geräumig. <...> Im übrigen war eine gewisse weihnachtsfestliche Herrichtung, für die Hoppenmarieken am Tage vorher gesorgt zu haben schien, unverkennbar. Das Himmelbett hatte frische Vorhänge, die Dielen waren mit Tannenzweigen bestreut, und an den Deckenhaken hing ein Ebereschenzweig, dessen Beeren, trotz vorgeschrittener Winterzeit, noch ihre schöne rote Farbe zeigten. <...>

Hoppenmarieken, die es sich mittlerweile bequem gemacht und die hohen Wasserstiefel mit ein paar aus Filztuch genähten Schuhen vertauscht hatte, holte jetzt die Kiepe vom Flur herein und schien, ihrem ganzen Hantieren nach gewillt, einen Schmaus für sich selber vorzubereiten. Sie wühlte behaglich in ihrer Kiepe, bis sie die Gegenstände, die sie suchte, gefunden hatte. Was zuerst aus der Tiefe heraufstieg, war eine blaue Spitztüte, dann kamen zwei Eier, die sie prüfend gegen das Licht hielt, zuletzt ein altes bedrucktes Sacktuch, in das aber etwas Wichtigeres eingeschlagen war. Wenigstens hielt sie das Paket mit beiden Händen ans Ohr und schüttelte. Der Ton, den es gab, beruhigte sie. Sie legte nun alles auf den Tisch, eines neben das andere, und holte vom Schapp her einen alten Fayencetopf mit abgebrochenem Henkel, dazu einen Quirl

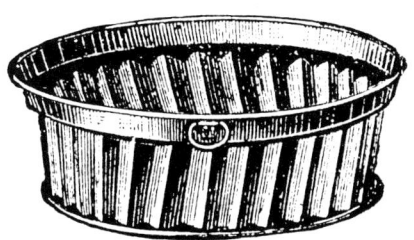

und einen Blechlöffel. Jetzt war alles beisammen. Sie tat aus der blauen Tüte einen Löffel Zucker in den Topf, schlug die beiden Eier hinein, wickelte aus dem Sacktuch eine Rumflasche heraus, liebäugelte mit ihr, goß ein und quirlte. Nur etwas fehlte noch: das siedende Wasser. Aber auch dafür war gesorgt. Sie trat in den Flur, kroch abermals in das Ofenloch und kam mit einem rußigen Teekessel zurück, dessen Inhalt zischend und sprudelnd in dem großen Fayencetopf verschwand.

Hiermit waren die Vorbereitungen als geschlossen anzusehen. Das eigentliche Fest konnte beginnen. Sie machte den Tisch wieder klar, baute sich einen großen, braunen Napfkuchen auf und sah, während sie den Kopf in beide Arme stützte, mit sinnlicher Zufriedenheit auf das hergerichtete Mahl. Auch jetzt noch war sie beflissen, nichts zu übereilen. War es nun, daß sie in der Hinausschiebung des Genusses eine Steigerung sah, oder hatte sie so ihre eigenen Hoppenmariekeschen Vorstellungen davon, wie nun einmal ein erster Weihnachtstag gefeiert werden müsse; gleichviel, sie begnügte sich vorläufig damit, den aufsteigenden Dampf von der Seite her einzusaugen und zog dabei den Tischkasten weit auf, in dem, durch eine Scheidewand getrennt, links das Gesangbuch, rechts die Karten lagen. Sie nahm das Gesangbuch, schlug das Christlied auf: ‚Vom Himmel hoch da komm’ ich her‘, las in rezitativischer Weise, die sie selber für Gesang halten mochte, die drei ersten, dann die letzte Strophe, klappte wieder zu und tat einen ersten tüchtigen Zug. Gleich darauf ging sie zu einem allerenergischsten Angriff auf den Napfkuchen über, der nun innerhalb zehn Minuten von der Tischfläche verschwunden war. Sie strich die Krümel in ihre linke Handfläche zusammen und schüttete alles sorgfältig in den Mund.

Jetzt, wo der Fayencetopf keinen Nebenbuhler mehr hatte, war sie erst in der Lage, ihm zu zeigen, was er ihr war. Sie legte streichelnd und patschelnd ihre Hände um ihn herum, untersuchte mit den Knöcheln alle Stellen, die einen kleinen Sprung hatten, bog sich über ihn und nippte, schlürfte und tat dann wieder volle Züge. Nachdem sie so den ganzen Kursus des Behagens durchschmarutzt hatte, zog sie den Schubkasten zum zweiten Male auf, nahm jetzt aber, statt des Gesangbuches, das Kartenspiel heraus. <...>

Ein häßliches Lachen zog über ihr Gesicht; dann tat sie den letzten Zug, schob einen großen Holzscheit vor die Türe und löschte das Licht.

Als eine Stunde später der Mond ins Fenster schien, schien er auch auf das verwitterte Antlitz der Zwergin, das jetzt, wo sich das schwarze Kopftuch verschoben und die weißen Haarsträhnen bloßgelegt hatte, noch häßlicher war als zuvor.“

Weihnachtsbesuch im Pfarrhaus

(aus: „Vor dem Sturm")

„Und es war der Justizrat Turgany, der heute, am zweiten Weihnachtsfeiertage 1812, in der Hohen-Vietzer Pfarre erwartet wurde; auch Lewin und Renate hatten zugesagt, mit ihnen Tante Schorlemmer und Marie.

Vier Uhr war vorüber; es dunkelte schon, der Besuch konnte jeden Augenblick kommen. In den Zimmern war alles festlich vorbereitet. Wo noch ein Stäubchen lag, fuhr unser Freund mit einem Federwedel darüber hin; dann wieder zog er das Taschentuch und polierte an den Scheiben seiner geliebten Schränke. Wer auf Waffen hält, der sorgt auch, daß sie blank sind. Nur an das theologische Bücherbrett, wo der Staub zu dicht lag, vermied er es heranzutreten. Ein Zwischenfall ließ ihn einen Augenblick aufsehen von seiner Arbeit. An ihm vorbei, als wäre eine Welt versäumt, drang in ziemlich herrischer Weise eine Frau mit rotem Gesicht und weißer Haube in das Studierzimmer ein, goß auf ein vorgehaltenes Schippenblech eine Räucheressenz, wie sie damals Mode war, fuhr ein paarmal durch die Luft und schoß dann in das Nebenzimmer weiter, um ihre Bewegungen, die zwischen Stoßfechten und Weihrauchfaßschwenken eine gute Mitte hielten, in den dahintergelegenen Räumen fortzusetzen. Pastor Seidentopf lächelte, als er ihr nachsah; ein scherzhaftes Wort schien ihm eben auf die Lippe zu treten, aber ehe es laut werden konnte, klingelte die Haustür, und das Aufstampfen auf Dielen und Strohdecke, um den Schnee und die Kälte abzuschütteln, verriet deutlich, daß der Besuch gekommen sei.

Aber nicht der Frankfurter Justizrat. Es waren zunächst die Freunde aus dem Herrenhause. Lewin führte Tante Schorlemmer; Renate und Marie folgten. Man begrüßte sich herzlich. <...>

Stühle wurden gestellt; man nahm Platz an einem Rundtisch, der in die Camera archaeologica[25] gerückt worden war, und die schon erwähnte Frau erschien, um den Kaffeetisch zu servieren. Sie wurde sofort und in einer Weise von allen Anwesenden begrüßt, die über ihre Wichtigkeit innerhalb der Hohen-Vietzer Pfarre keinen Zweifel ließ. Ihrer Geburt und Haltung nach hätte sie freilich noch den Friesrock und das schwarzseidene Kopftuch tragen müssen; alle Haushälterinnen aber wachsen schließlich über sich hinaus, und die Hohen-Vietzer machte keine Ausnahme.

Sie nahm allerhand kleine Huldigungen in Anspruch und erwartete beispielsweise von seiten der Gäste ein auszeichnendes Entgegenkommen, später von seiten ihres Pastors die Aufforderung, an der festlichen Tafel teilzunehmen. Aber hiermit war ihrem Selbstgefühl Genüge getan. Sie lehnte regelmäßig ab und war befriedigt, daß die Aufforderung überhaupt stattgefunden hatte.

Sie legte jetzt die Kaffeeserviette, stellte zwei doppelarmige Leuchter, zugleich auch eine Zuckerdose mit kleinen Löwenfüßen in die Mitte des Tisches und flankierte diese stattliche Zentrumsposition mit zwei silbernen Körben, von denen der eine allerhand Krausgebackenes, der andere eine Pyramide von Kaffeekuchen enthielt; zuletzt kam die Meißner Kanne selbst, auf deren Deckel Gott Amor sich schelmisch auf seinen Bogen lehnte. Der Pastor hatte nie Anstoß daran genommen, vielleicht es nie bemerkt.

Renate machte die Wirtin, verteilte den Zucker sogleich in die Tassen (die großen Blockstücke waren noch nicht Mode) und handhabe dabei die Zuckerzange mit jener Grazie, die allein aussöhnen kann mit diesem Werkzeuge der Unbequemlichkeit. Die Unterhaltung nach den ersten kecken Plänkeleien lenkte sehr bald wieder ins Regelrechte ein und begann mit dem Wetter. Das hatte im Jahre 1812 noch eine ganz besondere Bedeutung. Man könnte sagen, vom Wetter sprechen war damals patriotisch. Schnee und Kälte waren die großen russischen Bundesgenossen.

Der Schnee, der anfangs in kleinen Federchen umhergestäubt war, wirbelte allmählich dichter an den Fenstern vorbei, und aus der Geborgenheit von Pastor Seidentopfs Studierstube – doppelt geborgen, nachdem sie auch zum Kaffeezimmer geworden war – sahen jetzt Wirt und Gäste in den Wirbeltanz hinaus. <...>

Das Nebenzimmer war das Eßzimmer, das von dem Vorrecht aller Speiseräume, kahl und schmucklos sein zu dürfen, den ausgiebigsten Gebrauch machte. Nur zweierlei unterbrach die vorherrschende Nüchternheit: über der nach dem Korridor hinausführenden Tür hing eine große, stark nachgedunkelte, von irgendeinem Niederländer aus der Rubensschule herrührende Bärenhatz, während am Spiegelpfeiler der gegenüberliegenden Schmalwand eine hohe Nußbaum-Etagere stand, auf deren oberstem Brett ein durchbrochener Korb mit bemaltem Alabasterobst, Birnen, Orangen und Weintrauben paradierte. <...>

So kahl und nüchtern das Zimmer war, einen so entgegengesetzten Eindruck machte es von dem Augenblick an, wo die Seidentopfschen Gäste dasselbe zu füllen und zu beleben begannen. Die Armleuchter, die grünen und weißen Gläser, vor allem ein die Mitte der Tafel einnehmender, in der Fülle seiner langen und braunen Zacken eine Hohen-Vietzer Pfarrspezialität bildender Baumkuchen gaben ein überaus heiteres Bild, das aus seiner wunderlich komponierten Umrahmung: kahle Wände, nachgedunkelter Rubens und Alabasterobst, eher Vorteil als Nachteil zog.

Turgany, der sich wieder des Platzes zwischen den beiden jungen Damen zu versichern gewußt hatte, flüsterte, nachdem eine Tasse Tee glücklich an ihm vorübergegangen war, der in Person aufwartenden Alten einige Worte ins Ohr, die von dieser, wie es schien, verständnisvoll aufgenommen und mit einem Kopfnicken erwidert wurden.

‚Neue Anschläge im Werke?‘ fragte Renate.

‚Vielleicht‘, bemerkte Turgany. ‚Aber doch nur solche, die die Neugier meiner schönen Nachbarin nicht lange auf die Probe stellen werden.‘ <...>

Während dies Gespräch noch geführt wurde, erschien die Haushälterin wieder zu Häupten der Tafel, eine flache Schüssel herumreichend, deren schwarzkörniger, mit Zitronenschnitten reich garnierter Inhalt über die Art der Überraschung nicht länger im Zweifel lassen konnte[26]. ‚Aber Turgany‘, murmelte Seidentopf mit liebevollem Vorwurf. <...>

Es mochte halb elf sein, als halblauter Peitschenknall und ein jedesmal plötzliches Erklingen des Schellengeläutes, wenn die beiden Braunen ungeduldig ihre Hälse zur Seite warfen, die Frankfurter Gäste des Pfarrhauses daran gemahnte, daß der Schlitten vorgefahren sei.

Nicht lange, so ward es auf dem Flur lebendig, und das Lachen Turganys – der, aus dem zweiten Zimmer tretend, eben an den Alligator gestoßen und das Ungetüm in eine unheimlich schwankende Bewegung gesetzt hatte – klang bis auf die Straße hinaus, wo der Pfarrknecht, auf und ab stampfend, die Fahrleine hielt und durch Hauchen und Blasen seine halbverklammten Finger vor dem völligen Starrwerden zu schützen suchte. Gleich darauf öffnete sich die Tür, sofort den dünnen Ton ihrer Klingel mit dem Schellengeläute des draußen harrenden Schlittens mischend, auf dessen niedriger Polsterbank Turgany und der Konrektor sich nunmehr rasch zurechtrückten. Ein Gruß noch nach dem Flur hin, ein Schlag mit der Leine auf den Rücken der Pferde, und fort ging es auf verschneiter Straße dem Ausgange des Dorfes zu. <...>

Hohen-Vietz schlief schon. Alle Gehöfte lagen im Dunkel. <...>

Turganys Schlitten flog rasch dahin, bei jeder Seitwärtsbewegung den Schnee fußhoch zusammenschaufelnd. Gekröpfte Weiden, abwechselnd mit hohen Pappeln, faßten von rechts und links her den Weg ein und bezeichneten die Richtung, in der sich die Fahrt, im übrigen auf gut Glück hin, vorzubewegen hatte. Dann und wann flog eine Krähe auf, stumm, verschlafen, um sich auf dem nächsten Baumwipfel wieder niederzulassen. Darüber stand der Sternenhimmel, funkelnd in aller winterlichen Pracht. Ein träumerischer Zustand überkam die beiden Reisenden. Es war ihnen, als erstürbe das Schellengeläut ihres Schlittens, während der leise Widerhall von weit, weit her immer lauter, immer brausender zu werden schien. Die Nähe verlor ihre Macht über das Ohr; nur die Ferne, das kaum Hörbare läutete wie Glocken.“

Weihnachten in der Altmark
zu Beginn des 17. Jahrhunderts

In dem Roman „Vor dem Sturm" beschreibt Theodor Fontane aus historischer Sicht nicht das einzige Weihnachtsfest. Zwei Jahre nach dem Erscheinen dieses großen Romans wird im November 1880 „Grete Minde" veröffentlicht, wobei die Titelfigur dieser Erzählung tatsächlich zu Beginn des 17. Jahrhunderts gelebt hat und im Jahre 1619 hingerichtet wurde.

Die Handlung spielt überwiegend in Tangermünde in der Altmark.

Ein Christbaum, dekoriert mit Kerzen und Goldschaum auf den Zweigen, wird allerdings schon in der Stube der Familie Minde aufgestellt.

Grete Minde wächst nach dem Tode beider Eltern bei ihrem Bruder und der Schwägerin auf und erfährt dort eine mehr als lieblose Betreuung. Als dem Bruder ein Junge geboren wird, behandelt man Grete noch gleichgültiger, weil sich alles jetzt um das Kleinkind dreht.

Dieses wird insbesondere zum Weihnachtsfest deutlich.

Hier beschreibt Fontane, im Gegensatz zu in „Vor dem Sturm", das Christfest nur mit knappen Worten.

Es ist fraglich, ob Theodor Fontane sich hier konkrete Gedanken über die historische Präsenz eines mit Lichtern und Schaumgold (einer Messinglegierung) geschmückten Weihnachtsbaumes am Anfang des 17. Jahrhunderts in der Altmark gemacht hat. Ihm ging es möglicherweise nur darum, den Unterschied zwischen den bescheidenen Weihnachtsgeschenken, die man für Grete Minde bereit hielt und der Pracht eines geschmückten Baumes darzustellen, der das Kind ihres Bruders erfreuen sollte.

Weihnachten in Tangermünde

(aus: „Grete Minde")

„Eine Waise war sie, und sie sollt es nur allzubald empfinden. Anfangs ging es, auch noch um die Christzeit, als aber Ostern herankam, wurd es anders im Haus, denn es geschah, was nicht mehr erwartet ward: Trud genas eines Knäbleins. Da war nun die Freude groß, und auch Grete freute sich. Doch nicht lange. Bald mußte sie wahrnehmen, daß das Neugeborene alles war und sie nichts. <....>

Aber freilich, auch andere Tage kamen, wo sie's wußte, nur allzu gut, und wo weder ihr guter noch ihr böser Engel, weder ihre Demut noch ihr Trotz sie vor einem immer bitterer und leidenschaftlicher aufgärenden Groll zu schützen wußte.

Ein solcher Tag, und der bittersten einer, war der Weihnachtstag, an dem auch diesmal ein Christbaum angezündet wurde. Aber nicht für Grete. Grete war ja groß, nein, nur für das Kleine, das denn auch nach den Lichtern haschte und vor allem nach dem Goldschaum, der reichlich an den Zweigen glitzerte. ‚'s ist Gerdts Kind', sagte Grete, der ihres Bruders Geiz und Habsucht immer ein Abscheu war; und sie wandte sich ihren eigenen Geschenken zu. Es waren ihrer nicht allzu viele: Lebkuchen und Äpfel und Nüsse, samt einem dicken Spangengesangbuch (trotzdem sie schon zwei dergleichen hatte), auf dessen Titelblatt in großen Buchstaben und von Truds eigener Handschrift geschrieben war: Sprüche Salomonis, Kap. 16, Vers. 18.

Sie kannte den Vers nicht, wußte aber, daß er ihr nichts Gutes bedeuten könne, und sobald sich's gab, war sie treppauf, um in der großen Bibel nachzuschlagen. Und nun las sie: ‚Wer zugrunde gehen soll, der wird stolz, und stolzer Mut kommt vor dem Fall.'"

Die Adler-Apotheke in Swinemünde, 19. Jh.

Weihnachten in Swinemünde

Im Jahre 1827 ziehen die Eltern Fontane mit den vier ältesten Kindern – die Tochter Elise wird erst 1838 geboren – nach Swinemünde, wo der Vater die dortige Adler-Apotheke übernimmt.

In dieser Hafenstadt verlebt der junge Theodor eine unbeschwerte Kindheit, zu deren Höhepunkten die Vorweihnachtszeit und die festlichen Tage selbst ebenso gehören, wie die ausklingende vergnügliche Phase bis zur Jahreswende.

Die Adventswochen werden durch das Schlachten und Backen sowie ein Herren-Essen des Vaters eingeleitet. Hierzu bestellen Fontanes Eltern eigens eine Kochfrau.

Weihnachtszeit in der Kindheit ab 1827

(aus: „Meine Kinderjahre")

„Das gesellschaftliche Leben ruhte während dieser Spätherbsttage, man erholte sich von den Strapazen der Sommersaison und stärkte sich für die Wintergesellschaften. Aber ehe diese kamen, war noch ein mehrwöchiges Interregnum durchzumachen, die Schlacht- und Backzeit, die letztere schon mit der Weihnachtzeit zusammenfallend. –

Mit dem Gänseschlachten fing es an. <...> Etwa 14 Tage später folgte dann das Schweineschlachten. Meine Stellung dazu war genau dieselbe, wie zu der Zeit, wo ich, kaum 7jährig, aus der Stadt hinaus auf Alt-Ruppin zu geflohen war, um sowohl dem Anblick, wie der ganzen Skala ohr- und herzzerreißender Töne zu entgehen; aber ich war doch inzwischen aus den Kinderjahren in die Jungensjahre hineingewachsen, wo man wohl oder übel seine Ehre darin setzt, alles mannhaft mit durchzumachen, auch wenn sich die eigenste Natur dagegen auflehnt. <...>

Unter einem glücklicheren Stern stand die Backwoche, wo mit Pfeffer- und Zuckernüssen begonnen und mit Brezeln, Kranz- und Blechkuchen aufgehört wurde. Wir durften nicht nur mit in die Backstube hinein, darin es, überaus anheimelnd, nach bitteren Mandeln und geriebener Zitrone roch, sondern erhielten auch, als Weihnachtsvorgeschmack, eigens für uns Kinder gebackene kleine Wecken, alles reichlich zugemessen. ‚Ich weiß‘, sagte meine Mutter, ‚daß sie sich den Magen daran verderben, aber das ist besser, wie wenn sie knapp gehalten werden. Sie sollen, all diese Zeit über, eine Festfreude haben und die bringt ihnen ein Festkuchen am besten bei.‘ Es hat was für sich, und bei ganz robusten Kindern mag es das unbedingt Richtige sein. Aber so robust waren wir doch nicht, daß es für uns so ohne weiteres gepaßt hätte. Mir war denn auch, um Weihnachten herum, immer sehr weinerlich zumute. <...>

Etwa um eben diese Zeit begann auch das gesellschaftliche Leben, und zwar in Gestalt einer Reihe von Woche zu Woche wiederkehrenden Gastereien. <...>

An diesem Vorbereitungstage erschien, wie in allen anderen Häusern, so auch bei uns die Witwe Gaster, eine renommierte Kochfrau. Sie vereinigte Behagen und Würdigkeit in ihrer Erscheinung und wurde, dieser letzteren Eigenschaft entsprechend, mit Respekt und unbedingtem Vertrauen behandelt. Sie lebte, bei begreiflicher Abneigung gegen alles das (besonders Süßigkeiten), was sie tagaus, tagein zu produzieren hatte, beinahe ausschließlich von Rotwein und entlehnte das Wenige, was sie nebenher noch an Nahrung brauchte, dem beständigen Fettwrasen, in dem sie stand. Ihr Eintritt in unser Haus war für mich gleichbedeutend mit Postofassen in Nähe der Küche, wo nun alles, was sich vollzog, von mir beobachtet, beziehungsweise bewundert wurde. Den Anfang machte immer die Herstellung eines Baumkuchens. Als die Gaster, die darüber Buch führte, den tausendsten fertig hatte, gaben ihr die Swinemünder Hausfrauen ein wohlverdientes Fest. Es gibt auch heute noch Baumkuchen, gewiß, aber die jetzigen sind Entartungen, schwächliche, schwammartige Bleichenwangs, während die damaligen eine glückliche Festigkeit hatten, die sich, an den gelungensten Exemplaren, bis zur Knusprigkeit steigerte, begleitet von einer vom dunkelsten Ocker bis zum hellsten Gelb reichenden Farbenskala. Ich war immer glücklich, dem Werdeprozeß solches Baumkuchens zusehen zu können. Auf einem riesigen Herde befand sich, nach der Wand hin, ein aus Ziegelsteinen aufgemauertes niedriges Halbgewölbe, das, nach oben zu dachartig vorspringend, nach unten zu schräg zurücktrat. An dieser zurücktretenden Stelle zog sich ein wohl 4 Fuß langes schmales Kohlenfeuer hin, an das nun zwei kleine Eisenständer mit aufgelegtem Bratspieß und Drehvorrichtung

herangerückt wurden. Der auf diesen Ständern ruhende Spieß aber gab sich nicht einfach als solcher, vielmehr war ihm ein seiner ganzen Länge nach ausgehöhlter und nach außen hin mit gefettetem Papier überzogener Holzkegel aufgeschoben, der bestimmt war, die Seele des herzustellenden Baumkuchens zu bilden. Und nun, mit Hilfe eines an einem langen Stocke steckenden Blechlöffels, begann das Aufgießen eines dünnflüssigen, anfangs immer wieder herabtröpfelnden Teiges, so daß das eingeschlagene Verfahren eine ganze Zeit lang wie vergeblich erschien. Von dem Augenblick an aber, wo die Teigflüssigkeit konsistenter und das Abtropfen langsamer wurde, regten sich auch die Hoffnungen wieder, und ehe ein paar Stunden um waren, konnte der prachtvoll gebräunte, zugleich zackenreiche Baumkuchen von dem Holzkegel heruntergenommen werden. Alles dabei war von symbolischer Bedeutung. An das volle Gelingen dieses Pracht- und Schaustücks knüpfte sich das Vertrauen auf das Gelingen des Festes überhaupt. Der Baumkuchen stellte dem Ganzen das Horoskop. <...>

Ich habe weiter oben von der Kochkunst der guten Frau Gaster gesprochen, aber, dieser Kochkunst unerachtet, war die Bewirtung eigentlich einfach, namentlich gemessen an dem Raffinement, das jetzt bei Gastmählern vorherrscht. Einfach sage ich und dabei stabil. Keiner wollte zurückbleiben, aber auch nicht über den andern hinausgehen. Auf die Suppe folgte ein Fisch, dann (feststehend) Teltower Rübchen und Spickgans, dann ein ungeheurer Braten und zum Schluß eine süße Speise, samt Früchten, Pfefferkuchen und Königsberger Marzipan."

Weihnachtsferienbeschäftigung 1830/31

(aus: „Meine Kinderjahre")

„Mit andern Worten, die ‚Methoden' meines Vaters brauchte nicht wieder zu momentaner Aushilfe für mich herangezogen werden, denn, nach einigem Umtun in der Stadt, ergab sich's, daß ein in den Vorbereitungen zum Examen steckender Theologe vorhanden und desgleichen bereit war, sich, bis zum Eintreffen eines neuen Hauslehrers, unserer anzunehmen <...> Er war nicht freundlich und nicht unfreundlich, und sah, gleichviel ob er uns Interessantes oder Nichtinteressantes mitteilte, gleichmäßig gelangweilt drein. Im ganzen aber kam es seinerseits überhaupt nicht recht zu Mitteilungen, sondern nur zu Aufgaben, ein Verfahren, aus dem genugsam hervorging, daß er uns nicht eigentlich belehren, sondern nur beschäftigen wollte <...> Wir hatten gegen diese neue Form des Unterrichts nicht viel einzuwenden und nur einmal kam es mir hart an.

Es ereignete sich das in den Weihnachtstagen 30 auf 31, kurz vor Tisch. Ich selber war, wie gewöhnlich zu dieser Festzeit, in jenem eigentümlich gastrischen Zustande, wo sich der schon geschädigte Magen unbegreiflicherweise nach neuer Schädigung sehnt. Ein wohliger Duft von gebratener Gans zog durch das ganze Haus und gab meinen Gedanken eine dem Höheren durchaus abgewandte Richtung. Ich hatte mich, der wieder in Gedichtauswendiglernen bestehenden Ferienaufgabe gedenkend, auf den ersten Boden zurückgezogen und mir's hier, in einem Kinderschlitten mit Seegraskissen, leidlich bequem gemacht, dabei einen alten vielkragigen Mantel meines Vaters über die Knie gebreitet, denn es war bitterkalt und in der Sonne blinkten links neben mir ein paar Schneestreifen, die der Wind durch die Fensterritzen hineingepustet hatte. Fröstelnd und unzufrieden mit mir und meinem Schicksal, saß ich da, Schillers Gedichte vor mir, und lernte das ‚Eleusische Fest'. Unten klimperte wer auf dem Klavier. Als es endlich schwieg, hörte ich den von einem asthmatischen Pusten begleiteten Schritt meines Vaters auf der Treppe, und nicht lange mehr, so stand er vor mir, übrigens zunächst weniger mit mir als mit den zwei Schneestreifen beschäftigt. Er schob denn auch, ehe er sich zu mir wandte, den

Hellmuth Raetzer (1838–1909),
Louis Henri Fontane, 1859.

Schnee mit der Sohlenkante zusammen und sagte dann erst: ‚Ich begreife nicht, warum du hier sitzest.‘

‚Ich lerne.‘

‚Was?‘

‚Das Eleusische Fest.‘

‚Nun, das ist gut. Aber du siehst aus, als ob du keine rechte Freude daran hättest. Ohne Freude geht es nicht, ohne Freude geht nichts in der Welt. Von wem ist es denn?‘

‚Von Schiller.‘

‚Von Schiller. Nu, höre, dann bitt ich mir aus, daß du Ernst mit der Sache machst. Schiller ist der Erste. Wie lang ist es denn?‘

‚Siebenundzwanzig Verse.‘

‚Hm. Aber wenn es von Schiller ist, ist es gleich, ob es lang oder kurz. Es muß runter.‘

‚Ach, Papa, die Länge, das is es ja nicht. ‚Der Kampf mit dem Drachen‘ ist noch länger, und ich habe es in der letzten Stunde, die wir hatten, doch hergesagt.‘

‚Nun, was ist es dann?‘

‚Es ist so schwer. Ich versteh es nicht. <...> Und in dem zweiten Verse heißt es dann: ‚Und in des Gebirges Klüften barg der Troglodyte[27] sich‘. Was ist ein Troglodyte?‘

‚Nun, das ist das griechische Wort und wird wohl Leute bezeichnen, die einen Kropf haben oder irgend so was. An solcher einzelnen Unklarheit kann das Ganze nicht scheitern. Also strenge dich an. <...>‘

Er hätte mir wohl noch weitere Lehren gegeben, wenn nicht in diesem Augenblicke zu Tische gerufen wäre. ‚Nun komm nur. Es heißt zwar plenus venter[28], aber du wirst schon darüber hinkommen.‘

Ich kam nicht darüber hin und habe ‚Das Eleusische Fest‘ nicht auswendig gelernt, weder damals noch später.“

Heiligabend 1831

(aus: „Meine Kinderjahre")

„Weihnachten rückte heran und schon die ganze Woche vorher hieß es: ‚Aber d i e s mal wird es eine Freude sein ... so was Schönes'. Und wenn ich dann mehr wissen wollte, setzte die gute Schröder[29] hinzu: ‚Gerade was du dir gewünscht hast ... Die Mama ist viel zu gut, denn eigentlich seid ihr doch bloß Rangen.'

‚Aber was ist es denn?'

‚Abwarten.'

Und so, fieberhaft gespannt, sahen wir dem Heiligabend entgegen. Endlich war er da. Wie herkömmlich verbrachten wir die Stunde vor der eigentlichen Bescherung in dem kleinen, nach dem Garten hinaus gelegenen Wohnzimmer meines Vaters, das absichtlich ohne Licht blieb, um dann den brennenden Weihnachtsbaum, den meine Mutter mittlerweile zurechtmachte, desto glänzender erscheinen zu lassen. Mein Vater unterhielt uns, während dieser Dunkelstunde, so gut er konnte, was ihm jedesmal blutsauer wurde. Denn wiewohl er unter Umständen, wie vielleicht nur allzu oft hervorgehoben, in reizendster Weise mit uns plaudern und uns durch freie Einfälle, die wir verstanden, oder auch nicht verstanden, zu vergnügen wußte, so war er doch ganz unfähig, etwas einer bestimmten Situation Anzupassendes, also etwas für ihn mehr oder weniger Zwangsmäßiges, leicht und unbefangen zum besten zu geben. Sonst ein so glücklicher Humorist, konnte er den richtigen Ton bei solchen Gelegenheiten nie treffen. Am Weihnachtsabend trat dies immer sehr stark hervor.

Er sagte dann wohl zu sich selbst, fast als ob er sich auf eine richtige Stimmung hin präpariere: ‚Ja, das ist nun also Weihnachten... An diesem Tage wurde der Heiland geboren ... ein sehr schönes Fest ...' und hinterher wiederholte er all diese Worte auch wohl zu uns und sah uns dabei mit zurechtgemachter Feierlichkeit an. Aber eigentlich schwankte er bloß zwischen Verlegenheit und Gelangweiltsein und wenn dann zuletzt die Klingel der Mama das Zeichen gab und wir, nach dreimaligem Ummarsch um einen kleinen runden Tisch und unter Absingung eines an Plattheit nicht leicht zu übertreffenden Verses:

> ‚Heil, Heil, Heil,
> Heil, dreifacher Segen,
> Strahl o heller Lichterglanz
> Unsrem Fest entgegen'

über den Flur fort in das Vorderzimmer einmarschierten, war er, mein Vater, womöglich noch froher und erlöster als wir, die wir bis dahin doch bloß vor Ungeduld gelitten hatten.

So war es auch an dem hier zu schildernden Weihnachtsabend wieder. Unser

D. Englert, Bescherung.

Einmarsch, unter Absingung obiger Strophe, war eben erfolgt und verwirrt und befangen standen wir, auf den Baum starrend, um die Tafel herum, bis die Mama uns endlich bei der Hand nahm und sagte: ‚Aber nun seht euch doch an, was euch der heilige Christ beschert hat. Hier das – und diese Worte richteten sich speziell an mich – hier das unter der Serviette, das ist für dich und deinen Bruder. Nimm nur fort.' Und nun zögerten wir auch nicht länger und entfernten die Serviette. Was obenauf lag, weiß ich nicht mehr, vielleicht zwei große Pfefferkuchenmänner oder ähnliches, jedenfalls etwas, was uns enttäuschte. ‚Seht nur weiter' und nun nahmen wir, wie uns geheißen, auch das zweite Tuch ab. Ah, das verlohnte sich. Da lagen, gekreuzt, zwei schöne Korbsäbel, also genau das (die gute Schröder hatte recht gehabt), was wir uns so sehnlich gewünscht hatten. Und so stürzten wir denn auf die Mama zu, ihr die Hände zu küssen."

Berliner Weihnachtstage

Im Fontane-Nachlaß fand sich ein frühes Gedicht, das zu seinen Lebzeiten nicht veröffentlicht worden war. Der Entwurf in seinem sogenannten „1. Grünen Buch" datiert von 1839, sein Verfasser war zu dieser Zeit zwanzig Jahre alt:

Am Heil'gen Abend

(Entwurf 1839)

„Fröhlich zog ich meine Straße,
Sang ein liebes, altes Lied,
Das in meiner Brust erklungen,
Eh die Liebe von mir schied.

Plötzlich tönen Kirchenglocken
Aus der Ferne zu mir her,
Meine frohen Lieder stocken,
Und das Singen geht nicht mehr.

Kündet doch des Turms Geläute,
Daß ein Feiertag beginnt,
Daß der Heil'ge Abend heute
Und die Ostern morgen sind.

Staunt ihr, daß bei solcher Kunde
Meine Freude mich verläßt?!
Ach mein Herz, das ich begraben,
Feiert nicht sein Osterfest!"

Nachdem Fontane im Jahre 1840 Apothekergehilfe geworden ist, arbeitet er zeitweise in der väterlichen Apotheke in Letschin. Am 8. Dezember 1845 verlobt er sich mit Emilie Rouanet-Kummer (1824–1902), die er nach einer langen Brautzeit am 16. Oktober 1850 heiratet. Er reimt in der Weihnachtszeit 1851 für seinen Freund Friedrich Witte (1829–1893), der ab Juni 1845 Lehrling in der Polnischen Apotheke in Berlin, Friedrichstraße war, wo sich auch Fontane betätigte, einige derbe Verse. Witte wohnt zu dieser Zeit als Untermieter bei den Fontanes in der Luisenstraße 35 und ist über die Festtage zu seiner Mutter nach Rostock gereist. Er ist Patenonkel des ältesten Sohnes Fontanes, George Emile, der am 14. August 1851 zur Welt kam. Friedrich Witte geht dann ganz nach Rostock zurück, arbeitet anfangs in der dortigen väterlichen Apotheke und gründet 1853 in dieser Hansestadt eine pharmazeutische Fabrik. Er gelangt, im Gegensatz zu Fontane, zu einem beachtlichen Wohlstand.

Th. Hillwig, Emilie Rouanet-Kummer als Braut, Pastellzeichnung, 1848.

An Friedrich Witte

(am 23. Dezember 1851)

<...> „Was uns betrifft, so hab von deinem Paten
Ich Grüße dir, die herzlichsten, zu künden; –
Wir werden morgen eine Gans ergründen,
Am Festtag aber gibt es Hasenbraten.

Empfiehl vor allem, Freund, mich deiner Mutter;
Friß nicht zuviel von deiner Weihnachts-Brätzel,
Denn ungesund ist Mandelkern mit Butter." <...>

Die Jahre zwischen 1850 und 1858 und des Dichters weitere Lebensstationen hat Fontanes Schwiegersohn, der Architekt Karl Emil Otto Fritsch (1838–1915), der in seiner dritten Ehe mit Fontanes Tochter Martha (1860–1917) verheiratet war, mit deren Hilfe er auch die ersten Fontane-Briefe an die Familie im Jahre 1905 im Verlag des Schwagers Friedrich Fontane (1864–1941) herausgab, kurz umrissen:

„Zwischen der Hochzeit Fontanes im Oktober 1850, mit deren Erwähnung er sein Buch ‚Von Zwanzig bis Dreißig' schließt, und seinem ersten längeren Aufenthalt in London, dem diese Briefe entstammen, liegt ein Zeitraum von 1 ¹/₂ Jahren. Nachdem seine erste durch W. v. Merckel vermittelte Beschäftigung bei der Preßabteilung des preußischen Ministeriums durch den Rücktritt Merckels von der Leitung des amtlichen ‚literarischen Bureaus' schon nach kurzer Zeit zu Ende gelangt war, hatte Fontane sich zunächst wiederum als freier Schriftsteller durchgeschlagen, bald aber aufs neue Anschluß an die nunmehr von Dr. Rhyno Quehl geleitete Presse des Ministeriums Manteuffel[30] gefunden, deren damalige Organe die ‚Preußische Zeitung' und ‚Die Zeit' waren. Als Angesteller dieser Blätter war er im Frühjahr 1852 zum Studium englischer Verhältnisse auf unbestimmte Zeit nach London beurlaubt worden. Eine Auswahl seiner von dort gelieferten feuilletonistischen Arbeiten ist später von ihm in dem Buche ‚Ein Sommer in London' (neu aufgelegt 1900 als Abteilung von ‚Aus England und Schottland') gesammelt und selbständig veröffentlicht worden."

In Berlin schließt sich Fontane zahlreichen literarisch tätigen Persönlichkeiten an.

In der Literaturgesellschaft „Der Tunnel über der Spree"[31], kommt er im Jahre 1853 auch mit Theodor Storm zusammen, der infolge seiner politischen Emigration aus Husum seit einiger Zeit für drei Jahre am Kreisgericht in Potsdam arbeitet. Storm lädt Fontane und dessen Ehefrau Emilie auf einen der Weihnachtstage nach Potsdam ein. Hier bewohnt die Familie Storm eine geräumige Wohnung im Obergeschoß des ansehnlichen, noch heute bestehenden Eckhauses Brandenburger Straße 70, unweit des Einganges zum Schloß-park von Sanssouci.

Doch Fontane ist verhindert und dankt dem Dichterkollegen mit einem freundlichen Brief:

„Berlin, den 21. Dezember 1853.

Lieber Storm.
Ihren – vermutlich nach dem Potsdamer Kalender – am 22. geschriebenen Brief bin ich so glücklich, schon am 21. beantworten zu können. – Zunächst sprech' ich mein Bedauern aus, daß ich Sie letzten Sonntag am Bahnhof ver-fehlt habe; meine Frau und ich kamen zehn Minuten zu spät. Wir würden außerstande gewesen sein, Sie ‚auf allen Ihren Zügen' zu begleiten, da eine Le-pelsche Einladung auf Sonntag abend schon mehrere Tage vorher von uns an-genommen worden war – aber wir hätten doch wenigstens Gelegenheit gefun-den, Sie und Frau Constanze zu begrüßen, sowie den berühmten Berliner Weihnachtsmarkt gemeinschaftlich zu durchstreifen.

Was Ihre freundliche Einladung auf einen der Feiertage angeht, so muß ich leider die abschläglichen Antworten, die jetzt zwischen Berlin und Potsdam an der Tagesordnung sind, um eine vermehren. Mein Vater kommt, dazu ein Freund aus Rostock; beiden kann ich mich nicht gut entziehn, vielmehr muß

Weihnachtsmarkt um 1840.

Theodor Hosemann (1807–1875),
„Een Dreier, det Schäfeken", 1869.

ich den Wirt machen. Es ist ohnehin schwer an solchen Tagen, wo auch die langweiligsten Vettern auf eben ihre Vetterschaft pochen und einem die Türen einrennen – sich überhaupt flott zu machen. – So denn zunächst ‚frohe Feiertage!‘ und ‚viel Glück zum neuen Jahr!‘, hinterher aber die Versicherung, daß ich am 7. zur Rütlisitzung[32] pünktlich bei Ihnen einspringen werde, und wenn ich der einzige sein sollte."

Ähnlich wie der Dresdner Striezelmarkt, der Frankfurter Christkindchesmarkt und der Nürnberger Christkindlmarkt war auch der Berliner Weihnachtsmarkt weltberühmt. Er geht wohl auf den Großen Kurfürsten, Friedrich I. (1657–1713), zurück.

Der Berliner Dichter der Romantik Ludwig Tieck (1773–1853) erklärte in seiner Novelle „Weihnachtsabend", allerdings aus der Zeit zwischen 1780–1793 über den Berliner Weihnachtsmarkt:

„Als ich ein Kind war, so erzählte Medling, ein geborner Berliner, war der Markt und die Ausstellung, wo die Eltern für die Kinder oder sonst Angehörigen Spielzeug, Näschereien und Geschenke zum Weihnachtsfeste einkauften, eine Anstalt, deren ich mich immer noch in meinem Alter mit großer Freude erinnere. In dem Teile der Stadt, wo das Gewerbe am meisten vorherrschte, wo Kaufleute, Handwerker und Bürgerstand vorzüglich ein rasches Leben verbreiten, war in der Straße, welche von Kölln zum Schlosse führt, schon seit langer Zeit der Aufbau jener Buden gewöhnlich, die mit jenem glänzenden Tand als Markt für das Weihnachtsfest ausgeschmückt werden sollten. Diese hölzernen Gebäude setzten sich nach der langen Brücke, sowie gegenüber nach der sogenannten Stechbahn fort, als rasch entstehende, schnell vergessene Gassen. – Vierzehn Tage vor dem Feste begann der Aufbau, mit dem Neujahrstage war der Markt geschlossen, und die Woche vor der Weihnacht war eigentlich die Zeit, in welcher es auf diesem beschränkten Raum der Stadt am lebhaftesten herging und das Gedränge am größten war. Selbst Regen und Schnee, schlechtes und unerfreuliches Wetter, auch strenge Kälte konnten die Jugend wie das Alter nicht vertreiben. Hatten sich aber frische und anmutige Wintertage um jene Zeit eingefunden, so war dieser Sammelplatz aller Stände und Alter das Fröhlichste, was der heitere Sinn nur sehen und genießen konnte, denn nirgends habe ich in Deutschland und Italien etwas Ähnliches wiedergefunden, was damals die Weihnachtszeit in Berlin verherrlichte."

Hermann Lüders (1836–1908), Weihnachtsleben in den Straßen von Berlin.

Weihnachtsfeste in England

Im Jahre 1855, aufgrund der Spannungen zwischen dem im Krimkrieg neutralen Preußen und England, wird Fontane vom preußischen Staat beauftragt, in London eine „Deutsch-Englische Korrespondenz" aufzubauen und u. a. preußengenehme Nachrichten über England aus der englischen Presse herauszuziehen, zu übersetzen und nach Preußen zu übermitteln.

Während des folgenden mehrjährigen London-Aufenthaltes ab 10. September 1855 notiert er in der Vorweihnachtszeit in seinem Tagebuch erstmals Bemerkungen zu festlichen Vorbereitungen im bescheidensten Umfang. Sie sind getragen von großem Heimweh nach Frau und Kind, Mutter und Schwester, die alle zusammen in Neuruppin in dem alten Haus, Fischbänken 8, in dem bereits Karl Friedrich Schinkel (1781–1841) von 1787 bis 1794 einen Teil seiner Kindheit verbrachte, das Fest gemeinsam feiern. In Gedanken stellt Fontane sich dieses „rumplige Haus", das ehemalige Predigerwitwenhaus in Neuruppin vor, das 1736 in Fachwerkbauweise errichtet und dessen Straßenfront nachher verputzt wurde und das offenbar schon vor einhundertvierzig Jahren sanierungsbedürftig war, ferner den Kanal und den Kirchplatz vor der monumentalen Pfarrkirche St. Marien, wenige Minuten von der Wohnung seiner Mutter entfernt. Diese war, nach der ehelichen Trennung im Jahre 1847, in die Geburtsstadt Fontanes zurückgekehrt.

Ansicht von Neuruppin, um 1850, Lithographie nach einer Zeichnung von J. Gottheil.

Der Sohn faßt die vorweihnachtliche Sehnsucht in Verse, nicht unbedingt künstlerisch wertvolle Verse, die stellenweise auch ein wenig aus dem Takt geraten. Aber sie kommen von Herzen, das ist deutlich, und sie werden die Adressaten zu Tränen gerührt haben.

An Emilie

(18. Dezember 1855)

„Im Café Divan[33] wieder einmal
Starr' ich still in den flammenden Leuchter,
Das Herz wird weihnachts-sentimental
Und die Wimpern werden feuchter;
Doch zwischen die Tränen tritt Freund Humor,
Ein gemütlich – lustiger Lerse[34],
Und nur ein leiser Trauerflor
Legt sich um die lachenden Verse.

Ich seh im Geist ein rumpliges Haus
Und eine rumplige Stube,
Drei Frauen gehen ein und aus,
Und der vierte ist mein Bube;
Die älteste Frau hat schwarzes Haar
Und die jüngste hat es nicht minder,
Das macht, es ist, wie's immer war,
Es ähneln sich Mutter und Kinder.

Die dritte sieht ihren Knaben an,
Unter Lachen und unter Weinen,
Sie denkt: ich hab eine Art von Mann
Und hab auch wieder keinen;
Der Junge spielt und fährt über See,
Um seinen Vater zu suchen,
Er ruft: ‚Lieb Mutter mein, ade,
Ich hole den Butterkuchen.'

Der Vater ach, ihm ist nicht nett,
Er muß sich wehren und stemmen,
Er säß viel lieber im Kabriolett[35]
Und passierte Friesack und Cremmen[36];
Er spränge gern zum Wagen hinaus
Am Kanal und der Kirchplatz-Ecke,
Und schleppte gern in das rumplige Haus
Den besten der Ruprecht-Säcke.

Es kann nicht sein; am Londoner Strand,
In Simpsons[37] stolzer Taverne,
Legt an die Stirn er seine Hand
Und träumt sich ferne, ferne.
Er sieht, durch Nebel und über das Meer,
Eine Fülle lieber Gesichter,
Und heimisch wird es um ihn her
Als brennten die Weihnachtslichter."

Noch deutlicher zeigen die Verse „Am Kamin", die am 22. Dezember 1855, wohl in melancholischer Weihnachtsstimmung, entstanden, Fontanes Heimweh gerade in der Adventszeit:

<...> „Ich mag noch nicht von hinnen gehn,
Wie's oft die Kämpfenden müssen;
Ich möchte mein Weib noch wiedersehn
Und meinen Jungen küssen.

Ich möchte noch wieder im Vaterland
Die Gläser klingen lassen
Und möchte noch wieder des Freundes Hand
Im Einverständniß fassen."<...>

Die Tagebuchnotiz vom 24. Dezember 1855 muß dann am 25. erfolgt sein, denn er beschreibt darin ausführlich sein erstes Weihnachtsfest in London:

„Montag den 24. Dezember.
Weihnachts-heilig-Abend. Den Brief an Metzel[38] beendet und abgeschickt. Auf's General Post office. Noch einige Weihnachts-Einkäufe gemacht für Mrs. Wilmot[39], Mrs. Morris[40], Mr. Wood[41] und Schweitzer[42]. Um 7 1/2 Uhr bei letztrem eingetroffen, nachdem 2 lachende kleine Mädchen, mit denen ich im Omnibus fuhr, mich um meines Pelzes willen augenscheinlich für den leibhaftigen Weihnachtsmann gehalten hatten. Um 8 1/2 Uhr Bescheerung. Zugegen: Mr. Dinkel[43], (ein Süddeutscher) Mr. Wood, Wenzel[44], Schweitzer und ich. Ein deutscher Weihnachtsbaum stand auf dem Tisch; an Kuchen und Früchten und Lichtern kein Mangel. Nur Kinder fehlten und konnten in der Eile nicht beschafft werden. Die Beschenkung war stattlich genug. Schweitzer versorgte die ganze Gesellschaft mit Pasten, Pomaden und Parfums; von Wood erhielt ich ein reizendes Schreibzeug und von Wenzel ein sehr hübsches Pokal-Glas. <...>
Um 10 setzten wir uns zu Tisch. Ich war Chairman[45] und hatte vorzulegen und Toaste zu proponiren. Als wir den Gebeinen der Gans die letzte Ehre anthaten, kam Kauffmann[46]. Ihm auf den Fersen folgte der brennende Plumpud-

Der Plumpudding – „Hurrah forthe pudding", aus „Little Folk, 1870.

ding. ‚Der Gast' und ‚die Frauen' kriegten ihren Toast. Mitternacht war da und der Punsch trat an die Stelle des Wein's. Unter Geplauder, guten und schlechten Anekdoten, gutem und schlechten Englisch verging der Abend, dazwischen klang von Zeit zu Zeit Mr. Dinkels Flöte mit einem Schweizer- oder Tyroler-Lied. Gegen 3 trennten wir uns. Das war ein Weihnachten in London! Erträglich genug, aber doch ohne das beste Salz des Lebens. Ein Nothbehelf. Möge das nächste Weihnachtsfest wieder sein, was es sein soll."

Die englische Weihnachtsgans wird ein wenig anders zubereitet als die deutsche. Man füllt sie mit Semmelbröseln, Salbei, Äpfeln, den Innereien, feingewiegten Zwiebeln und einem rohen Ei, das man unter die Mischung rührt. Dazu gibt es einen würzigen Apfelmus, der mit Zwiebeln, Zucker, englischem Bier und dem Gänsebratenfett, nebst Gewürzen zubereitet wird. Danach folgt der berühmte Plumpudding, der ursprünglich ein steifer Brei aus Backpflaumen, Hammel- und Rinderbrühe, geriebenem Schwarzbrot, Rosinen, Ingwer und Mukatnuß war und stundenlang, bis zum opulenten Weihnachtsmahl nach dem Kirchgang, kochen mußte. Erst im 18. Jahrhundert setzte man diesem „Plumporridge" Mehl zu. Nach der Überlieferung muß der Teig mit einem Holzlöffel gerührt werden, in Erinnerung an die hölzerne Krippe in der

Christnacht. Auch soll man ihn von Osten nach Westen rühren, in der Wanderrichtung der drei Weisen aus dem Morgenland. Beim kräftigen Rühren darf man sich etwas wünschen.

Heute wird der Plumpudding bereits Wochen vor dem Weihnachtsfest im Wasserbad gekocht, kühl gestellt und am Weihnachtstag wieder erhitzt. Vor dem Servieren wird er mit Hagelzucker überstreut, mit hochprozentigem Alkohol begossen und brennend, mit Stechpalmenzweigen dekoriert, serviert. Dazu gibt es eine Brandy-Butter. Die Reste werden an den folgenden Tagen in Scheiben geschnitten, in eine ausgebutterte Auflaufform gelegt und im Backofen auf höchster Hitze wieder gebacken. Dann wird alles erneut mit dem vorgewärmten Alkohol übergossen und angezündet. Die Scheiben können aber auch in heißer Butter auf beiden Seiten in einer Pfanne aufgebraten werden und mit Rumbutter-Sauce serviert werden. Darüber kommt noch Zimt und Zucker.

Das Jahr 1856 gestaltet sich für Fontane anfangs im familiären Bereich freundlicher. Seine Frau, seine Schwester Lise und Sohn George kommen nach London. Doch da Emilie den Sohn Theodor erwartet und an Heimweh leidet, kehrt sie im Mai des Jahres nach Berlin zurück. Das Weihnachtsfest 1856 erlebt Fontane wieder allein in London und vermerkt nur lapidar im Tagebuch:

„Mittwoch d. 24. Dezember.
Gearbeitet (Brief an die Illustrirten Monatshefte). Kleine Einkäufe gemacht, bei furchtbarem Regen. Um 7 Uhr nach Victoria Grove zu Alberts. Zwischen 8 und 9 Bescherung; das Kind sehr nett. Bei Tisch die beiden Schwägerinnen ohnmächtig. Von 12 bis <...> mit Alberts beim Whisky geplaudert."

Ausschnitt aus einem Münchener Bilderbogen. Das Schicksal eines Christbaumes.

„Donnerstag d. 25. Dezember.
Gelesen <...> Nach London-Hospital. Mit Schweitzer einen Punsch gebraut und gemüthlich geplaudert."

Fontane war am Heiligen Abend in Brompton eingeladen, einem südwestlichen Vorort Londons, bei Maurice Alberts (gest. 1876), der seit 1849 an der preußischen Gesandtschaft in London tätig ist und zwar zunächst als Kanzlist, später als Erster Sekretär. Es gibt Gänsebraten.

Bereits am 22. Dezember dichtete er einige Zeilen, die er einem Brief an die Frau und Kinder in Berlin beilegte:

> „Die Weihnachtszeit ist wieder da
> Mit Tannen und mit Lichtern,
> Ich stünde gern als Herr Papa
> Unter lachenden Gesichtern;
> Doch ach, zu fremdem Gänse-Genuß
> Nach Brompton fahr ich im Omnibus,
> Es geht nun mal nicht anders.
>
> Gern kröch ich umher mit meinem boy
> Wie der Sohn der Jeanne d'Albret[47]
> Und stimmte mit ein, bei Hott und Hoi,
> In sein Lachen und Gedalbre;
> Doch die Abschlagszahlung auf meinen Wunsch
> Heißt ‚66'[48] und Whisky-Punsch –
> Es geht nun mal nicht anders.
>
> Die Stunden gehen, die Tage gehen,
> Vergehen immer geschwinder,
> Es kommt, will's Gott, ein Wiedersehn,
> Es kommen Frau und Kinder,
> Es ist der Trennung bald genug
> Und leer wird auch ein bitter Krug,
> Es geht nun mal nicht anders."

Am dritten Weihnachtstag berichtet Fontane in einem Brief an Henriette von Merckel[49], Ehefrau des Berliner Kammergerichtsrates Traugott Wilhelm von Merckel[50], über sein zweites Londoner Weihnachtsfest:

„London d. 27. Dezember 56.
92 Guilfort Street.

Hochverehrte gnädige Frau.
Die letzten Tage im Jahre will ich Zeit haben und zwar Zeit für mich und alle diejenigen, die meinem Herzen nahe stehn. <...>
    Mein Weihnachtsabend war passabel. Den Tag über hatt' ich eine lange Correspondenz für die Illustrierten Monatshefte, ein neues Blatt in Braunschweig, geschrieben, machte dann im furchtbarsten Wetter meine kleinen Einkäufe und kam endlich naß und kalt bei meinem Mr. Alberts an. Zum Glück war noch niemand da und so setzt' ich mich denn an den Kamin und trocknete mich, wie man ein nasses Handtuch trocknet; meine dicken Stiefel dampften dermaßen, daß ich bald in einer Wolke von Wasserdampf saß. Nach einer halben Stunde kam man, dann wurde aufgebaut und die Liebenswürdigkeit des Wirts erzeugte eine passable Heiterkeit.
    Die Familie Alberts war von 6 – 7 auf der Gesandtschaft, zur Bescherung, gewesen. Ich hatte auch eine Einladung erwartet, richtiger gefürchtet, denn ich hatte keine halbe Stunde Zeit übrig. Die Einladung unterblieb. So herzlich froh ich nun auf der einen Seite darüber war, so muß ich doch andrerseits zugestehn, daß es ein bißchen eigentümlich ist. Excellenz[51] konnte nicht wissen, daß mir herzlich daran liegen mußte, nicht eingeladen zu werden." <...>

An das fürsorgliche Ehepaar von Merckel, das in den nächsten Jahren die ständig in Geldnot befindlichen Fontanes mit großen und kleinen Zuwendungen erfreuen wird, schreibt er sodann im neuen Jahr, danksagend für ein Weihnachtspäckchen:

„London, d. 3. Januar 1857.
92 Guilfort Street.

Hochgeehrte gnädige Frau.
Lieber Immermann.
Gestern ist nun auch das Zigarrenkistchen angekommen, und meine arme Seele schwankt hin und her, ob sie sich mehr bedanken soll für den schönen langen Weihnachtsbrief oder für den Pfefferkuchen und die reizenden Täfelchen, die mit glücklichster Raumbenutzung in allen Ritzen und Spalten sich gelagert haben. Die Aufmerksamkeit ist wieder so groß und, wenn Sie mir erlauben, so feinen Sinnes, daß geschicktere Leute als ich in Verlegenheit kommen sollten, in gleicher Weise, auch nur in Worten, zu replizieren. Mein Dank ist ein reiner Bauernjunge, stolpert über die Schwelle und fällt vor Sie nieder; da liegt er. Heben Sie ihn gütig und lächelnd auf. " <...>

Zum Weihnachtsfest 1857 ist Fontane mit seiner Familie, das heißt Ehefrau Emilie und den kleinen Söhnen, dem sechsjährigen George und dem einjährigen Theodor, in England vereint. Man hat ein Haus in einem nordwestlichen Londoner Vorort, Camden Town, gemietet, und ein junges Mädchen, „Betsy", steht Emilie im Haushalt zur Seite. Über die Festvorbereitung und die Bescherung heißt es kurz im Tagebuch:

„Mittwoch d. 23.
<...> „Nach Haus. Gearbeitet. <...> Mit Emilie den Baum ausgeputzt."

„Donnerstag d. 24.
Gearbeitet. Nach Oxford-Street; kleine Einkäufe für Emilie und Schweitzer. Zu Heymanns[52]; einige Nürnberger Spielsachen in Empfang genommen. Nach Haus. Um 6 $^1/_2$ Bescheerung. George sehr glücklich. Schweitzer etwas verstimmt. Der Heimath und aller Lieben gedacht."

„Freitag d. 25.
Gelesen. Spaziergang mit Emilie und Schweitzer bis zum City-Prison. Abendbesuch von Beta's[52]; deutschen Heringssalat und Sherry-Bowle."

Während dieses dritten Aufenthaltes in London, der von 1855 – 1859 dauert, verfaßt Fontane auch Reiseberichte über England für die preußische „Kreuz-Zeitung". Für diese konservative Berliner Tageszeitung, die als „Neue Preußische Zeitung" von 1848 bis 1939 existiert, ist Fontane ab 1856 in London Korrespondent und von 1860 bis 1870 Redakteur in Berlin. Ende 1857 erscheinen dort drei unterschiedliche weihnachtliche Stimmungsbilder mit wechselndem sozialem Hintergrund. Der erste Aufsatz, den Fontane „Tannenbaum und Mistletoe" betitelt, wird in der „Kreuz-Zeitung" unter dem Titel „Tannenbaum und Stechpalme" veröffentlicht, obwohl die Stechpalme in dieser Arbeit fast gar nicht erwähnt wird:

J. B. Sonderland, Ein denkwürdiges Weihnachten.

Tannenbaum und Stechpalme

(aus: „Neue Preußische Zeitung", Nr. 301 vom 24. Dezember 1857)

„London, 19. Dezember

Weihnachten klopft auch in London an die Türen. Es ist nicht mehr der national-britische Christmas-eve mit seinem vorwiegend patriarchalischen Charakter; der Klopfende gleicht vielmehr unserem alten Freunde ‚Knecht Ruprecht', der während der letzten zwanzig Jahre es prächtig verstanden hat, für sich selber Propaganda zu machen und auch der englischen Weihnachtszeit ein mehr und mehr d e u t s c h e s Gepräge zu geben. Mit andern Worten, es ist der Sieg des Tannenbaums über den altenglischen Weihnachtsbaum, den Mistletoe. In alten Zeiten (wie jedermann aus zahllosen Beschreibungen englischer Romane weiß) prangte der weihnachtliche Mistelbusch am äußersten Ende der festgeschmückten Halle; der Qualm der Lichter und Fackeln mischte sich mit dem Duft der Rund- und Rückenstücke, die an flackernden Feuern brieten; Musik erklang, und die scharf gezogenen Schranken zwischen Herr und Diener fielen auf die kurze Dauer eines Abends. Unter dem Mistelbusch galt übrigens auch noch das alte Reimwort von einem ‚Kuß in Ehren'. So war es vordem. Das Alte hat sein Leben auf Schlössern und Herrensitzen gerettet; aber in den großen Städten ist, neben der Mistel und dem reizenden Stechpalmenreis, die T a n n e in die Höh' geschossen und bedroht die alten weihnachtsgrünen Mächte mit einer siegreichen Konkurrenz. Eine neue Dynastie, aber stark, weil zweckentsprechend. Einzelne Hyperpatrioten, die den German influence auf jedem Gebiete, auch auf dem harmlosesten, bekämpfen und ausrotten möchten, haben zwar die deutsche Tanne in den Bann getan; aber sie werfen sich vergebens dem rollenden Rad entgegen, und jeder neue Weihnachtstisch ist ein neuer Sieg unserer deutschen Sitte. Die Umwandlung hat sich in London beinah vollständig vollzogen: Das Weihnachtsfest, dessen häusliche Feier ein s o z i a l e s Fest, ein Fest der Ausgleichung, der Brüderlichkeit im schönsten Sinne war, ist ein K i n d e r f e s t geworden. Eine schöne und tief poetische Idee hat die andere abgelöst; vielleicht war das alte tiefer im Gedanken und lustiger in der Erscheinung, aber das neue ist lieblicher und heitrer. Noch einmal: Weihnachten im englischen Hause sind ein Kinderfest geworden, und im Einklang mit dieser Wandlung präsentieren sich jetzt die Londoner Straßen. Wenn es hier noch ‚Waldteufel' gäbe und jene letzte Stufe der plastischen Kunst, die unter dem Namen der ‚Wachsengel' auf unserem Weihnachtsmarkte heimisch ist, so könnte man sich von Zeit zu Zeit versucht halten, nach Ratti und dem großen Kandelaber[54] auszuschauen oder nach jenem Brüderpaar im Pfefferkuchenlande – Hildebrand und Miethe[55]. Auch hier drängen sich die Penny-, die Six-Pence- und die Schillingbuden; riesige Wiegepferde[56] (hübscher als die unsrigen, wie es sich in dem Lande des Vollbluts geziemt) bäumen in die Höh' oder sprengen in vollem Galopp durch die

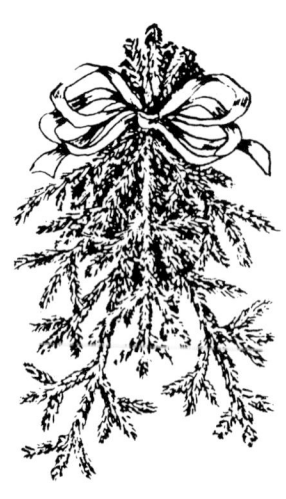

Spiegelscheiben; Trommeln (schlechter als die unsrigen, wie sich's im Lande der militärischen Antipathien von selbst versteht) bilden die üblichen Pyramiden; rote, sternbesäte Luftballons schweben die Glasdecke der Arkaden entlang, und überall an den Straßenecken grünt das Edeltannenreis in B l u m e n t ö p f e n. Auch an Kauflustigen fehlt es nicht. In der Mittagszeit sind die zur Stadt fahrenden Omnibus bis auf den letzten Platz besetzt. Damen, junge und alte, sitzen sich in langer Reihe einander gegenüber und haben etwas von der ernsten Würde des Weihnachtsmannes. Nur e i n Element unter den täglichen Fahrgenossen fehlt – die Kinder. Das Geheimnis der Weihnachtswoche hält sie daheim, und hier wie überall finden sich selbst die wildesten leicht in jene Gefangenschaft, die schon nach wenigen Tagen mit der Freiheit und – dem Christbaum schließt."

In England führte der Prinzgemahl der Queen Victoria (1819–1901), Albert von Sachsen-Coburg-Gotha (1819–1861), der sich 1837 mit ihr vermählte, die Weihnachtsbaumsitte ein. Daneben blieb der Mistelzweig und auch der Stechpalmenzweig eine typisch englische festliche Dekoration, die man bis zum heutigen Tag überall findet.

Hierbei ist der Mistelzweig als „kissing-bush" oder „bough" bekannt. Es handelt sich hierbei um einen waagerechten Reifen, der von vier gekreuzten Halbreifen oder auch ganzen Reifen überspannt wird. In die Mitte kommt der Mistelzweig, unter dem das Küssen erlaubt ist, außerdem wird der Reifen mit Orangen und Äpfeln behängt. Auf den Mistelzweig verweist Fontane im „Stechlin", als der alte Stechlin seine Schwiegertochter am Weihnachtstage zum ersten Male begrüßt. Sie hat lange in England gelebt, woran der alte Herr mit dieser freundlichen Reminiszenz wohl erinnern will.

In der „Kreuz-Zeitung" erscheinen aus Fontanes Feder auch mehrere Artikel, die sich mit der englischen Indien-Politik beschäftigen. Im Mai 1857 hatte ein bengalisches Kavallerieregiment gemeutert. Es kam zu dem „Sepoy-Aufstand", bei dem britische Frauen und Kinder ermordet wur-

66

den. Der Aufstand wurde durch die britische Krone blutig niedergeworfen und Indien dem Königreich einverleibt.

In Lucknow, der Niederlassung der britischen Gesandtschaft in Indien, waren zum Jahresende zahlreiche eingeschlossene Briten, überwiegend Frauen und Kinder, unter dem Kommando des Oberbefelshabers der britischen Truppen in Indien, des schottischen Generalmajors Sir Colin Campbell (1792–1863) befreit und die Residentatur „entsetzt" worden. Unter dem Eindruck dieser Nachricht verfaßt Fontane am 23. Dezember den Artikel „Lucknow frei", der am 29. Dezember 1857 in der „Kreuz-Zeitung" Nr. 303 unter der Überschrift „Lucknow ist entsetzt" erscheint:

Lucknow ist entsetzt

(aus: „Neue Preußische Zeitung", Nr. 303 vom 29. Dezember 1857)

„London, 24. Dezember
Die Nachricht wird lange bevor diese Zeilen bei Ihnen eintreffen, in Ihren Händen sein. Sir Colin Campbell und der ‚Telegraph' hätten dem englischen Volk augenblicklich kein schöneres Weihnachtsgeschenk machen können. Mag es Einbildung sein, aber es schien mir gestern abend, als sei die ganze Stadt unter dem Eindruck der frohen Nachricht. Wie ich über die indische Frage denke, wissen Sie [Fontane hatte zuvor schon mehrere Aufsätze über den indischen Feldzug veröffentlicht, Anm. d. Herausgeb.]; aber ich habe über das Eintreffen dieser Nachricht eine herzliche Freude gehabt. Wer in der Fremde lebt, dem passiert es wohl, daß er unwillig wird über hundert große und kleine Dinge, die er eben sieht und erfährt, weil er so viel mit fremden Leuten zusammenwohnt. Da ist denn viel Streit und Erbitterung. Nun aber wird es Weihnacht, und das schöne Fest kommt heran; alle Mütter in der Christenheit freuen sich, schenken zu können, und alle Kinder freuen sich, beschenkt zu werden, und nur im Hause nebenan liegen Mutter und Kind auf den Tod. ‚Da regt sie sich, die menschliche Natur', wie Scherenberg[57] an anderer Stelle sagt, und das Mitgefühl wird wach in uns. Das frohe Botschaftsfest wie der Stern am Himmel rückt näher von Tag zu Tag, nur dem Hause unseres Nachbarn scheint kein Stern leuchten zu wollen. Schon flimmern beinah die Lichter am Baum, da endlich kommt die Nachricht, ‚auch nebenan steht alles gut', und siehe da, alte Feindschaft auf lang oder kurz vergessend, stimmen wir freudig mit ein in das Danklied, das eben jetzt zu Weihnacht aus dem Hause des Nachbarn zu uns herüberklingt. (Mehr als 1000 Weiber und Kinder waren in der Residentur bei Lucknow eingeschlossen und wären ohne den Entsatz in die Klauen der teuflischen Mordgesellen gefallen! Vgl. Ostindien.)"

J. L. Williams, Christmas Tree in Windsor Castle.

In einem dritten Aufsatz verweist Fontane auf die englische Sitte, einen blühenden Busch als Weihnachtsbaum nach Hause zu tragen Die Arbeit erscheint ebenfalls in der „Kreuz-Zeitung".

Zu diesem britischen Brauch hat der Kieler Arzt Dr. Krause vor über einhundert Jahren ebenfalls Nachforschungen angestellt:

„In wärmeren Gegenden werden blühende Bäume auch im Dezember und Januar ab und an beobachtet. Daß ein Baum, der um Weihnachten Blüten trug, in den Ruf der Heiligkeit kam, und daß sich der Glaube ausbildete, solche heiligen Bäume blühten alljährlich in der Christnacht, ist vom Standpunkt des Mittelalters leicht begreiflich. In der That ist die Neigung, Herbst- und Winterblüten zu zeitigen, bei verschiedenen Baumindividuen in verschiedenem Grade ausgebildet; manche Exemplare zeigen diese Erscheinung ziemlich regelmäßig, andere nie. Diese freiwachsenden Weihnachtsbäume lassen sich früher nachweisen, als die im Zimmer aufgestellten. Auf heidnisch-germanischen Ursprung läßt sich der Glaube an diese Weihnachtsbäume nicht zurückführen. Sie erscheinen auch im altgermanischen Norden viel seltener als in den milderen Klimaten der süd- und mitteldeutschen Thäler und in dem wärmeren Winter Großbritaniens. Die englische Legende führt alle in der Weihnacht blühenden Bäume und Sträucher auf einen gemeinsamen Ursprung zurück. In einer Christnacht hatte der heilige Joseph von Arimathia seinen Stab in die Erde gesteckt, worauf dieser alsbald wurzelte, ausschlug und Blüten entfaltete. Von diesem Strauch – angeblich einem Weißdorn – sollten die bluhenden Weihnachtsbäume abstammen. <...> In einzelnen Gegenden Großbritanniens pilgerte man noch im vorigen Jahrhundert [18. Jahrhundert, Anm. d. Herausgeb.] zu blühenden Dornsträuchern. <...>

In England schmückt man die Zimmer mit dem dornigen, immergrünen Hülsen [Ilex, Anm. d. Herausgeb.] ohne Lichter."

Fontane vermerkt zu dem dritten von ihm verfaßten weihnachtlichen Artikel in seinem Tagebuch vom 28. Dezember 1857:

„An Dr. Beutner[58] <...> geschrieben (Ein Ginsterbusch.)"

Des armen Mannes Weihnachtsbaum

(aus: „Neue Preußische Zeitung", Nr. 305 vom 31. Dezember 1857)

„London, 24. Dezember

Ich sah heute in den Straßen Londons einen prächtigen Ginsterbusch, nicht als kriegerisches Wahrzeichen wie vordem, sondern als friedlichen Weihnachtsbaum, als schlichteren Ersatz für die schlichte Tanne. Es war in Tottenham-Court-Road, und es begann schon zu dunkeln. Groß und klein eilte nach Haus, um zu rechter Stunde an rechter Stelle zu sein; alles war Leben, Bewegung, Freude. Unter denen, die ihrer Wohnung zuschritten, war auch ein Arbeiter, ein Mann in der Mitte der Dreißiger, blaß, rußig, ermüdet. Neben ihm ging sein ältestes Kind, ein Knabe von sechs bis sieben Jahren; er schleppte sich mühsam weiter. Das jüngste Kind war auf der linken Schulter des Vaters eingeschlafen, während er auf der rechten einen mächtigen Ginsterbusch als Weihnachtsbaum nach Hause trug. Der Ginsterbusch b l ü h t e. Man sieht viel Elend in den Straßen Londons, aber selten eines, in dessen Öde sich zartere Züge mischen, und so blieb ich stehen und sah dem müd und matten Zuge nach. Es war ersichtlich, die Mutter war tot, und dem Vater war die Aufgabe zugefallen, den beiden Kindern ihr Christfest zu bereiten. So war er denn hinausgegangen nach Hampstead-Heath, um auf der weiten winterlichen Heide den Weihnachtsbaum zu finden, den er zu arm war, an der nächsten Straßenecke zu kaufen. Die Kinder hatten ihn begleiten müssen, weil niemand im Hause war, der sich ihrer angenommen hätte. Jetzt kamen sie von ihrem Gange zurück, der Älteste müde, der Jüngste eingeschlafen. Was mochte sie daheim empfangen? Welcher Weihnachtsfreude gingen sie entgegen? Ich malte mir das Zimmer des armen Mannes aus: Der Ginsterbusch stand auf dem Tisch, und ein ärmliches Feuer brannte im Kamin; nichts Festliches sonst umher als das Herz seiner Bewohner. Im Widerschein des Feuers aber sah ich die gelben Ginsterblumen wie Weihnachtslichter leuchten, und ihr Blühen war wie die Verheißung eines Frühlings nach Erdenleid und Winterzeit."

Weihnachten 1858 geniert Fontane sich nicht, Emilie ein Gelegenheitsgedicht zu verehren, das an die Grenzen des literarisch-tolerierbaren Geschmacks geht:

An Emilie

„Was noch fehlt, ist eine Spritze,
Doch ich dacht, sie sei nichts nütze
Jetzt in dieser Schwebe-Zeit,
Wo die Frage nach dem ‚Essen‘
Die Verdauungs-Interessen
Sehr bedenklich überschreit.
Sind wir wieder erst daheime,
Finden sich wohl andre Reime,
Findt sich manches andre noch:
Frohsinn, Lachen, muntre Witze
Sind nicht nur die beste Spritze,
Sind sogar der beste Koch.

Camden Town   Dein Th. F.
24.Dez.58   höhrer Agent
                und Staatshämorrhoidarius"

Wieder in der Heimat

Nach dem Ende des Ministeriums Manteuffel kehrt Fontane Anfang 1859 nach Berlin zurück.

Sein Schwiegersohn berichtet insoweit in Fontanes „Briefe an seine Familie":

„Der Sturz des Ministeriums Manteuffel hatte Fontane veranlaßt, auf seine Stellung in England zu verzichten; doch blieb er auch in Berlin, das er fortan nicht mehr auf längere Zeit verlassen sollte, fürs erste noch in Beziehung zur offiziösen Presse. Im übrigen erteilte er wieder Unterricht in der englischen Sprache, hielt öffentliche Vorlesungen über englische Literatur usw. und war ständiger Mitarbeiter mehrerer Blätter.

An größeren Arbeiten beschäftigte ihn zunächst die Vollendung seiner Bücher ‚Aus England‘ und ‚Jenseits des Tweed‘. Doch begannen schon im Jahre 1859 seine märkischen Studien, die – durch mehr als zwei Jahrzehnte fortgesetzt – ursprünglich im Feuilleton verschiedener Zeitungen erschienen und sodann in den ‚Wanderungen durch die Mark Brandenburg‘ vereinigt wurden. Am 8. Juni 1860 trat Fontane, durch die Vermittlung seines Freundes Hesekiel[59], in die Redaktion der Neuen Preußischen (Kreuz-) Zeitung ein, deren Mitarbeiter er schon von London aus gewesen war. Die Muße, welche diese Stellung ihm übrig ließ, gab ihm Gelegenheit, nicht nur seine ,Wanderungen' kräftig zu fördern, sondern auch einer noch größeren und schwierigeren Aufgabe, der Darstellung der beiden Feldzügen von 1864 und 1866 sich zu widmen. Auch konnte er in seiner verhältnismäßig günstiger gewordenen Lage nunmehr öfter die Erholung einer Reise oder des Aufenthaltes in einer Sommerfrische sich gönnen."

Fontane bezieht im Januar 1859 mit seiner Familie die Wohnung Tempelhofer Straße 51. Zum Ende dieses Jahres schreibt er an seine Mutter Emilie in Neuruppin einen herzlichen Weihnachtsbrief, sendet aber kein Geschenk. Die finanziellen Verhältnisse erlauben keine weihnachtlichen Gaben:

„Berlin d.21.Dzb.59.

Meine liebe, gute Mama.
Der Ceremonienmeister des diesmaligen Weihnachtsfestes hat angeordnet: ,die Herren erscheinen mit leeren Händen; die Damen schließen sich den Herren an'. So stehn die Sachen; aber wenigstens mit leerem Herzen wollen wir nicht kommen und so nimm wenigstens unsre herzlichsten Glückwünsche entgegen. Wir werden den Heilig-Abend natürlich im ,engsten Zirkel' zubringen und die Heiterkeit der Kinder wird ersetzen müssen, was sonst wohl fehlt. Glücklicherweise sind wir beide nicht so geartet, daß die Abwesenheit von Sammt und Seide uns besonders drückt."

Pfefferkuchenfabrikation:
Abwiegen und Formen des Teiges.

Auch Ehefrau Emilie, die wieder in Erwartung ist, bekommt es an diesem Weihnachtsfest besonders zu spüren, daß der Herr Gemahl pekuniär in einer äußerst schlechten Verfassung ist. Denn es reicht bei ihm nur zu scherzhaften Reimen, die aber mehr nach Galgenhumor klingen als nach geistreichem Witz:

An Emilie

(Zum 24. Dezember 1859)

„Gekommen ist der Heil'ge Christ,
Die ganze Stadt voll Lichter ist,
Auch unsre sollen brennen,
Die Sorgen weg und zünde an,
Ich will derweil, so gut ich kann,
Dir meine Wünsche nennen.

Empfang zuerst ein Strumpfenband,
Das ich für 30 Pfengk erstand
Bei Fonrobert[60] im Laden,
Ich wünsche dir, geliebtes Weib,
Bald wieder einen dünnern Leib[61]
und etwas dickre Waden.

Empfang alsdann ein Konto-Buch,
Fürs Credit ist es groß genug,
Fürs Debet etwas kleine,
Indes es heißt ja: ‚rund die Welt‘,
Der Beutel wird mal wieder Geld
und hilft uns auf die Beine.

Und drum zuletzt den heißen Wunsch,
Daß unsres Schicksals dicker Flunsch
Bald hübschren Zügen weiche,
Und daß ein bißchen Sonnenschein
Zieh wieder endlich bei uns ein
Und unser Herz beschleiche."

Am Jahresanfang 1860 bedankt sich Fontane bei der Mutter, die offenbar eine große Sendung Pfefferkuchen geschickt hat, über die der Sohn galant schreibt, daß die von der bekannten Berliner Pfefferkuchen- und Schokoladenfabrik Hildebrandt gefertigten nicht so gut schmecken:

„Berlin d. 1. Januar 1860.
Tempelhofer Straße 51.

Meine liebe, gute Mama.
<...> Herzlichen Dank nun aber für die freundlichen Briefe und die stattliche
Sendung; Hildebrandt in der ganzen Strahlenkrone seines Ruhms kann doch
keine Ruppiner Pfeffernüsse backen; so findet jede menschliche Vollkommen-
heit ihre Grenze – und ihren Meister."

Fontanes Tagebücher der Jahre 1859–1865 gelten als verschollen, so daß für
diese Zeit, hinsichtlich seiner Weihnachtsvorbereitungen, allein auf die Briefe
und Gelegenheitsgedichte zurückgegriffen werden muß. Der Dichter beginnt
im Jahre 1859, nach seiner Rückkehr aus England, mit den „Wanderungen
durch die Mark Brandenburg". Diese erscheinen anfangs als Zeitungsartikel.
Sie werden erst ab 1862 als Bücher publiziert. Außerdem erwirbt er mit den
Veröffentlichungen „Aus England; Jenseit des Tweed" (1860), „Balladen"
(1861) seine ersten literarischen Meriten. Doch findet sich Weihnachtliches
erst später in seinen Gesellschaftsromanen und -novellen, anläßlich der Schil-
derung des sozialen Umfeldes seiner dargestellten Personen.
    Die Gelegenheitsgedichte zum 24. Dezember, die reichlich, mit und ohne
anliegendes Geschenk, fabriziert werden, geben jeweils kleine autobiographi-
sche Hinweise und sind aus dieser Sicht von Interesse. Sie sind aber weder poetische Meisterstücke, noch vermitteln sie festliche Weihnachtsstimmung. Sie
bestätigen allerdings die Annahme, daß Fontane ein großes gefühlsstarkes Fest
Jahr für Jahr weder feiern kann, noch will, obwohl die Sehnsucht danach, insbesondere nach den erlebten Weihnachtstagen der Kindheit, aus vielen seiner
Novellen klingt. In ihnen wird die Harmonie und Feierlichkeit, das Erhoben-
sein in eine sonntägliche Situation, vermittelt, in die er seinen eigenen Alltag
offenbar nicht hineinheben kann oder will.

    Fontanes Mutter beglückt die Familie auch im folgenden Jahr mit Ruppiner
Pfeffernüssen.
    Und ihr Sohn bedankt sich Ende Dezember 1860, wohl noch unter dem
Eindruck einer ehelichen Mißfallensäußerung stehend, die Emilie gegenüber
der Schwiegermutter in Versform von sich gegeben hat:

„Berlin d. 31. Dzeb. 60.

Meine liebe, gute Mama.
Eben habe ich den Vers durchgelesen womit Emilie ihren Brief geschlossen hat
und fühle in Folge davon eine so entschiedene Lähmung meiner Kräfte, daß
ich nicht weiß was aus diesen Zeilen werden soll. Vielleicht komm ich drüber
weg, namentlich wenn ich bedenke, daß der Sack mit Pfeffernüssen (für den
ich allerschönstens danke) neben mir liegt."

74

Lebkuchenoblaten Ende 19. Jahrhundert. (Sie wurden auf große Kuchen aufgeklebt.)

Zum Weihnachtsfest 1861 wird Ehefrau Emilie mit kurzen, aber wohlmeinenden Versen bedacht:

> „Sei heiter!
> Es ist gescheiter
> Als alles Gegrübel;
> Gott hilft weiter, -
> Zur Himmelsleiter
> Werden die Übel.
>
> Weihnachten   Th.F."
> 1861

Äußerst chevaleresk verehrt Fontane Elfriede Beutner, der Ehefrau des Chefredakteurs der „Neuen Preußischen (Kreuz-) Zeitung" Dr. Tuiscon Beutner (1816–1882), zum Weihnachtsfest 1861, zusammen mit einer rötlichen Kamelienblüte, mit den so typischen grünen, wie gelackt wirkenden Blättern, den 1.Teil der „Wanderungen durch die Mark Brandenburg", die im November 1861 erschienen, aber erst auf 1862 datiert waren. Seine Romanheldin Effi Briest wird zum Silvesterball von einem ältlichen Verehrer, dem Apotheker Gieshübler, ebenfalls Kamelien, allerdings aus dessen eigenem Gewächshaus, überreicht bekommen.

Stilvoll dichtet Fontane für Frau Beutner:

> „Gerne, zu meinen ‚Wanderungen',
> Hätt ich gebracht, was der M a r k entsprungen,
> Aber es fehlt unsrem blühenden Ruhme
> E i n s – eine schöne märkische Blume.
>
> Mußte drum borgen bei andern Ländern,
> Wo die Blüten sich röter rändern,
> Wo die Blätter sich glänzender zeigen –
> Mög Ihr Auge sich freundlich neigen."

Einen verspäteten Weihnachtsgruß, eine Kiste mit Marzipan, sendet Fontane im neuen Jahr 1862 an die Familie des Londoner Arztes Richard Merington (1807–1874). Er und seine Ehefrau Margaret waren Nachbarn der Fontanes in der St. Augustine's Road, Camden Town, gewesen. Man hatte sich angefreundet und tauschte später für längere Besuche die kleinen Töchter, beide mit Namen Martha, aus. So verbringt die zehnjährige Martha Fontane im Jahre 1870 zwölf Monate bei der Arztfamilie in London.

Die Marzipankiste hat Fontane wohl ursprünglich durch seinen Verleger Wilhelm Hertz für die eigene Familie besorgen lassen. Doch als sie eintrifft, verkneift man sich, aus pekuniären Gründen, den Genuß und schickt sie nach London. Fontane berichtet Wilhelm Hertz am 3. Januar 1862:

„Sehr geehrter Herr Hertz.

Das neue Jahr scheine ich als ein unprompter Briefschreiber beginnen zu sollen, – ich schulde Ihnen noch meinen Dank für den Neujahrsbrief in Folio und für die Lübecker Marzipankiste. Die letztre, da wir uns überlegt daß die Sache doch eigentlich zu schade für uns ist, wird als nachträgliches Weihnachtsgeschenk nach England wandern. <...> Ich erlaube mir 2 rthl. beizulegen, theils zur Deckung der Marzipan-Auslage, theils um Sie freundlichst zu bitten, den Rest an den kleinen Jungen (der immer die Packete bringt) und an den Hausmann oder wie man sonst derlei Leute hier nennt, vertheilen zu wollen."

Zum Weihnachtsfest 1862 wird Emilie Fontane von ihrem Eheliebsten mit so profanen Dingen wie Kamm und Seife bedacht. Doch Fontane veredelt die Gabe durch humorvolle Reime:

„Es ändern im Leben sich die Dinge,
Lahm wird der Schwung, lahm wird die
                               Schwinge,
Die Liebe, die sonst im Äther schwamm,
Sie steigt hinunter zu Seife und Kamm.

Der Kamm für zwölf einen halben Groschen
Ist aus einem Laden mit Gummi – Galoschen,
Die Seife (aus einem kleinen Basar)
Wohl nie bei ‚Treu und Nuglisch'[62] war.

Sei's drum; wenn ich es recht begreife,
Ist gar nicht so übel der Kamm und die Seife,
Und war auch die Liebe einst noch so stramm,
Noch strammer ist Liebe mit Seife und Kamm.

Nur stramme Liebe, ums recht zu bedenken,
Kann's wagen, Kamm und Seife zu schenken,
Und glücklich die Ehe, wo Frau und Mann
Sich Kamm und Seife schenken kann."

Zum 24. Dezember 1863 verehrt Fontane Frau Elfriede Beutner erneut eine Kamelie und reimt dazu:

          „Behüte,
          Wieder dieselbe Blüte,
          Wieder dasselbe Blatt!'
          Freilich. Aber ich komme dahinter,
          Schuld ist eigentlich der Winter,
          Der nur den e i n e n Gedanken hat."

L. Dettmann, Einspritzen von Dessert-Confect.

L. Dettmann,
Marcipan-Künstler.

Und George Hesekiel, der Journalist und Schriftsteller sowie Mitarbeiter der „Kreuz-Zeitung", erhält zum selben Fest einen Briefbeschwerer in Form einer Kartätschenkugel vom Kunersdorfer Schlachtfeld.

Anläßlich seiner Recherchen über die Schlacht bei Kunersdorf (12. August 1759) fand Fontane dort diese Kugel und reimt:

> „Die eiserne Kugel, fest aufgeschraubt,
> Hab ich aus Lehm herausgeklaubt,
> aus Lehm in Laudons-Grunde[63];
> Die Kugel sah einen heißen Strauß,
> dir aber bringe sie Glück ins Haus
> Und manche frohe Stunde."

Zum Weihnachtsfest 1865 wird Emilie mit einem Gesang- und einem Wirtschaftsbuch versehen, zu denen Fontane bemerkt:

An Emilie

Mit Gesang- und Wirtschaftsbuch zu Weihnachten 1865

„Wenn das Wirtschaftsbuch nicht stimmt
Und das Debet das Credit überklimmt,
Geben die alten Luther-Lieder
Trost und Contenance wieder."

Zum Weihnachtsfest 1866 überreicht Fontane Georg Hesekiel eine Büste des Prinzen Friedrich Karl von Preußen (1828–1885) und etwas Königsberger Marzipan.

Der märkische Dichter kann es sich, in Anspielung darauf, daß die Stadt Königsberg, zu Preußen gehörig, damals als die Hochburg der Demokraten und damit als antiroyalistisch galt, nicht versagen, die Gabe mit einigen Versen zu verschönern:

An George Hesekiel

Zum 24. Dezember 1866
Mit einer Büste des Prinzen Friedrich Karl und mit Königsberger Marzipan

„Der Prinz an seinen Dichter

Mein lieber Hofrat Hesekiel,
Ich höre, Sie können nur schwer von der Stell,
So komm ich denn selber, um zu sehn,
Wie's steht mit Ihrem Wohlergehn.

Ich hoffe leidlich. Drum hab in der Tasch
Ich auch ein weniges von Genasch;
Ein märkischer Mann hält sich K ö n i g s b e r g fern,
Doch den Marzipan, – den ißt er gern.

Zum Schluß: bekomm er Ihnen gut.
Nehm Sie der Himmel in seine Hut
Und gönne Ihnen in Krieg und Fried,
Ihnen und m i r , noch manches Lied."

Mutter Emilie Fontane hat, wie in den Jahren zuvor, offenbar nach alter Gewohnheit, wieder reichlich Pfeffernüsse an die Familie Fontane gesandt. Wenn der geneigte Leser allerdings meint, die Mutter habe sie jedesmal selbst fabriziert, muß er nun eines anderen belehrt werden, denn Fontane schreibt mit Datum vom 7. Januar 1866:

80

„Meine liebe, gute Mama.
Die Dankesgeneigtheit dauert in der Regel nur so lange wie der Genuß; ich mache aber diesmal eine rühmliche Ausnahme: der ganze Beutel voll ist aufgeknabbert, und statt der unedlen Betrachtung: ‚warum war er nicht noch größer‘ tritt – ohne volles Gesättigtsein – das edlere Gefühl des Befriedigtseins an mich heran. Sie (wenn ich Pronomina so unbestimmt gebrauche, spreche ich immer nur von Pfeffernüssen) waren diesmal von einer besondern Schönheit und wenn ich mir, ohne anzüglich zu werden, erlauben darf, von einer Ruppiner Scharte des vorigen Jahres zu sprechen, so ist sie glänzend ausgewetzt. Versichre dem Manne, der diese an der Grenze des französischen Pfefferkuchens angelangte Pfeffernuß geleistet hat, meiner persönlichen Hochachtung; ich wäre noch unschlüssig, ob ich ihm in der nächsten Auflage der ‚Wanderungen‘ ein Kapitel widmen solle oder nicht.“

Zum Weihnachtsfest 1868 erhält Ehefrau Emilie einen Zuschuß zu ihrer Kleidung, was dem Gatten erneut eines Verses wert ist:

An Emilie

Zum 24. Dezember 1868

„10 Taler, liebe Frau und Mutter,
Sind für Zeug und Unterfutter.

5 weitere Taler nimm davon
Für Kragen, Gimpe[64] und Chaperon[65].

Die letzten 5, sie sollen sein
Für den Remplaçant von Fräulein Stein[66].

Fünf Groschen aber sind zugedacht
Für den, der dies Gedicht gemacht.

Auf seiner Zeitung er’s ersann,
Ein Schelm macht’s besser als er kann.“

An seine neun Jahre ältere Seelenfreundin Mathilde von Rohr (1810–1889) schreibt Fontane im Dezember 1869, wie üblich, zum Fest. Mit ihr verbindet ihn eine langjährige Korrespondenz, auch nachdem die aus märkischem Adel stammende Dame im Jahre 1869 von Berlin in das mecklenburgische protestantische Damenstift Dobbertin am gleichnamigen See verzieht.

„Berlin 22. Dezemb. 69.

Mein gnädigstes Fräulein. <...> Das Fest ist nun vor der Thür. Am Heiligabend werden hoffentlich, wie seit Jahren, Lepel[67] und Frau Müller[68] bei uns sein. <...> Oft gedenken wir Ihrer. Die Sonnabend-Abende nach dem Rütli sind nicht mehr was sie waren[69]. Man könnte einen Groll fassen gegen Dobbertin, wenn nicht der See wäre, die Kutsche und die Aussicht – auf 90 Jahre. Dies letztre fängt einem an wichtig zu werden, wenn man in 8 Tagen 50 wird[70].

Mit dem herzlichsten Wunsche, daß Sie ein frohes Fest verleben und am Heiligabend einen Augenblick unsrer freundlich gedenken mögen, wie immer Ihr aufrichtig ergebenster Th. Fontane.“

Über die Jahre 1870–71 berichtet Fontanes Schwiegersohn Fritsch, der übrigens erst 1899, somit nach dem Tode des Schwiegervaters, Martha Fontane heiratete. Die Verlobung hat Fontane jedoch im Jahre 1898 noch miterlebt:

„Im Frühjahr 1870 war Fontane aus seiner Stellung in der Redaktion der ‚Kreuz-Zeitung‘ geschieden, hatte aber bald darauf Ersatz dafür gefunden, indem er den ständigen Bericht über das kgl. Schauspielhaus für die ‚Vossische Zeitung‘ übernahm. Nach Ausbruch des Kampfes gegen Frankreich erhielt er von der Firma R. v. Decker den Auftrag, auch über diesen Krieg ein Buch zu schreiben[71]. Gelegentlich einer schon im Herbst 1870 begonnenen Studienreise auf den Kriegsschauplatz geriet er jedoch in französische Gefangenschaft, aus der er erst Ende November befreit wurde. Ein Produkt dieses unfreiwilligen Aufenthaltes in Frankreich ist das größtenteils noch auf der Insel Oléron geschriebene Buch ‚Kriegsgefangen‘; eine beiläufige Frucht seiner zweiten, Ostern 1871 unternommenen Studienreise das Buch ‚Aus den Tagen der Okkupation‘.“

Im Jahr nach seiner Freilassung erhält Mathilde von Rohr einen ausführlichen Weihnachtsbrief sowie die zweibändige Arbeit „Aus den Tagen der Okkupation“. Fontane schreibt dazu:

„Berlin d. 19. Dezeb. 71
Mein gnädigstes Fräulein.
Der erste Weihnachtsbrief richtet sich diesmal, wie billig, nach Dobbertin, denn im verflossenen Jahre, noch über die sonstige Verwöhnung hinaus, habe ich an keiner Stelle so viel Gütiges und Freundliches erfahren wie in dem bekannten Kloster-Kreuzgang an der scharfen Ecke wo die große Laterne ihr Licht auf den porzellanen Klingelgriff strahlt.
<...> Die beiden Bände, die ich mir als Weihnachtsangebinde diesen Zeilen beizuschließen erlaube, sind zu nicht geringem Theile in Dobbertin entstanden und werden Ihnen schon aus diesem Grunde ein kleines Interesse abgewinnen.
<...> An unseren Freund L.[72] habe ich eben ein paar Einladungsworte zum Heilig – Abend geschrieben; hoffentlich acceptirt er; ebenso Prof. Eggers[73]. Von dem alten Bestand wird nur die ‚schöne Julie‘[74] fehlen, die sonst regelmäßig ihren Heringssalat an diesem Tage bei uns einnahm. Wir wissen nicht, wo sie sich zur Zeit aufhält, können also auch keine Einladung ergehen lassen.“

Heringssalat – (wobei sich die Frage stellt: weißer oder roter, mit oder ohne rote Bete?) ist offensichtlich das klassische Heiligabendessen im Hause Fontane. Denn er verweist darauf auch im Jahre 1876 in einem Brief an Mathilde von Rohr vom 23. Dezember:

„Morgen Abend werden alle unter dem Christbaum versammelt sein und zwei Stunden später den durch Pfefferkuchen und Marzipan verlatschten Magen mit Hülfe des herkömmlichen Heringssalates wieder in Ordnung bringen."

Die Jahre 1872 bis 1878 faßt K. E. O. Fritsch wie folgt zusammen:

„Im Jahre 1872 begann Fontane die Arbeit an seinem Buche ‚Der Krieg gegen Frankreich 1870–71', das erst i. J. 1876 zum Abschluß gelangte. Daneben beschäftigte ihn, außer seiner Tätigkeit als Theater-Referent der ‚Vossischen Zeitung', die Fortführung seiner ‚Wanderungen durch die Mark Brandenburg', von denen noch i. J. 1872 ein III. Band ‚Havelland' erschien, während die beiden älteren Bände neu aufgelegt und entsprechend ergänzt wurden. Erholung von den Anstrengungen seiner rastlosen Arbeit suchte er wiederholt in Sommerfrischen, sowie in den Jahren 1874 und 1875 auf zwei Reisen nach Italien, von denen die erste (in Gemeinschaft mit seiner Frau) bis nach Neapel ausgedehnt, die zweite auf Oberitalien beschränkt wurde.
Ein in Fontanes Leben tief eingreifendes Ereignis war seine im März 1876 erfolgte Berufung zum 1. Sekretär der kgl. Akademie der Künste; doch erkannte er bald, daß in dieser Stellung eine ihn befriedigende Fortsetzung seiner schriftstellerischen Tätigkeit unmöglich sei, und bat schon nach wenigen Monaten um seine Entlassung aus dem Amte, die ihm im August 1876 gewährt wurde.
Die zunächst folgende Zeit bis 1878 wurde durch die Vollendung seines schon im Jahre 1866 begonnenen größeren Romans ‚Vor dem Sturm' ausgefüllt, an den sich demnächst die noch i. J. 1878 geschriebene Novelle ‚Grete Minde' anreihte."

Betrachtet man den Respekt und die Galanterie, mit der Fontane die Briefe an Mathilde von Rohr formuliert, treffen die immer wiederkehrenden trivialen Verse zu Weihnachten für seine Ehefrau Emilie den ästhetischen Fontane-Anhänger jeweils wie ein kleiner Keulenschlag! So muß Emilie zum Weihnachtsfest 1877 folgende Zeilen lesen:

An Emilie

Zum 24. Dezember 1877

„Zwei Paar Handschuh à fünf Mark
Ist au fond ein bißchen stark;
Aber Wolter[75] wollt es so,
‚Und so lebe glücklich, froh
Wie der König Salomo.'

Th.F.
mit Hilfe des Prinzen Georg[76]"

84

Handschuhe sind offenbar ein häufiges jährliches Angebinde des Herrn Gemahls, denn im folgenden Jahr teilt Fontane der Schriftstellerin Ludovika Hesekiel (1847–1889), der Tochter des George Hesekiel, die den Roman „Vor dem Sturm" zum 11. Dezember 1878 sehr positiv in der „Kreuz-Zeitung" besprochen hatte, mit:

„Berlin 11. Dezbr.78. Potsd.Str. 134.c

Theuerstes Ludchen.
<...> Haben sie herzlichen Dank; abgesehn von der großen Freundlichkeit gegen mich, die aus jeder Zeile spricht, ist es auch so sehr geglückt und liest sich so frei und gut <...> Ich fürchtete schon, daß die Besprechung zu spät kommen könnte und war heute um so freudiger überrascht. Der 11te, wo der ‚Weihnachtsmarkt' anfängt, ist gerade ein besonders glücklich gewählter Tag, und daß unser Freund Heffter eine besondere Ueberschrift spendirt und dadurch die Aufmerksamkeit noch mehr darauf hingelenkt hat, ist ein kleiner Liebes- und Freundschaftsakt.
<...> ich selbst muß zuletzt aus meinem Dachsbau heraus, um die üblichen 2 Paar Handschuhe bei Wolter zu kaufen."

Ein Vorweihnachtstag im Spreeland

In der Adventszeit des Jahres 1878 unternimmt Fontane von Berlin aus „übermorgen" eine eintägige „märkische Wanderung" und Fahrt mit Omnibus, Pferdebahn und dann zu Fuß nach Malchow, wie er am 16. Dezember 1878 an seinen Verleger Wilhelm Hertz schreibt. Am 19. meldet er seine Rückkehr.

Die Berliner Zeitschrift „Der Bär" hatte ihn um einen Aufsatz über einen der Eigentümer, den preußischen Minister Paul von Fuchs (gest. 1704), gebeten. Dort erscheint der Bericht im Jahre 1879 ab Seite 1. In dem vierten Band der „Wanderungen" werden die Reiseschilderungen über das „Spreeland" erstmals im Jahre 1882 veröffentlicht. Fontane berichtet in zwei Briefen an Hertz von der Tour:

„Berlin, d. 16. Dezember 1878.
Potsdamer Straße 134 c

Sehr geehrter Herr Hertz!
<...> Übermorgen will ich eine ‚Märkische Wanderung' in den Winter hinein machen. Der ‚Bär' hat mich durch Stadtrat Friedel dazu aufgefordert und ich konnte nicht ‚nein' sagen."

„Berlin, d. 19. Dezember 1878.
Potsdamer Straße 134 c.

Sehr geehrter Herr Hertz.
Melde mich von Malchow und Pastor Hosemann zurück. Seine Frau, nett und freundlich, kochte mir einen brillanten Kaffee und plauderte mit mir, während der Ehemann nebenan den Konfirmandenunterricht abmachte. Bei solchen Plaudereien findet man jedesmal, daß die Welt sehr klein ist und nur von einer einzigen, etwas ausgedehnten Familie bewohnt wird. <...>Auf diese Meldung erwart' ich aber keine Antwort. Vier Tage vor Weihnachten ist keine Zeit zu Korrespondenzen aus dem Stegreif."

Hugo Brückner, Weihnachtsmarkt in Berlin, 1856, kolorierte Lithographie.

Malchow, eine Weihnachtswanderung

(aus: „Wanderungen durch die Mark Brandenburg – Spreeland")

„Der Herbst färbte schon die Blätter, und die Störche mochten sich eben auf die Lehmhütten der Fellahs niedergelassen haben, als mir ein gelbes Buch zu Händen kam, das auf seinem Umschlag, außer dem zum Lichte emporstrebenden Adler der Firma Duncker und Humblot[77], auch noch den Titel führte: ‚Paul von Fuchs, ein brandenburgisch-preußischer Staatsmann vor zweihundert Jahren. Biographischer Essay von F. von Salpius.' <...>

Wer sich auf Urnen und Totenköpfe versteht und überhaupt nur ein Äderchen von einem Sammler oder Altertümler in sich hat, begreift, daß diese Notiz eine gewisse Malchow-Sehnsucht in mir wecken und eine ‚Wanderung' dahin zu einer bloßen Frage der Zeit machen mußte. Mit dem ersten Maienschein, an grünen Saaten vorbei, hofft' ich den Ausflug unternehmen und nach ‚manch verborgenem Schatz' ausschauen zu können. Aber es war anders beschlossen und aus einer Wanderung bei Finkenschlag und Apfelblüte wurd' eine Wanderung bei Nordwest und Schneegestöber: eine Weihnachtswanderung.

Eine Wanderung nach Malchow, so kurz sie ist, gliedert sich nichtsdestoweniger in drei streng geschiedene Teile: Omnibusfahrt bis auf den Alexanderplatz, Pferdebahn bis Weißensee und per pedes apostolorum[78] bis nach Malchow selbst. Und so vollzog es sich auch. Auf dem Alexanderplatz regierten bereits die fliegenden Söhlkes[77] mit dem ‚Schäfchen' und dem ‚Schaukelmann', dessen Birnen sich noch gerade so gelb- und rotgesprenkelt zeigten wie vor fünfzig Jahren in den Tagen meiner eigenen Kindheit; in dem Pferdebahnwagen aber, in den ich einstieg, war es als wäre der Weihnachtsmann mit oder vor mir eingestiegen und gedenke seinen Einzug in Weißensee zu halten.

Alle Plätze voller Kinder mit ihren Schulmappen auf dem Rücken, und hinten und vorn im Wagen, und vor allem obenauf, ganze Büsche von Weihnachtsbäumen. Das war das Vergnügen an der Fahrt, viel vergnüglicher als die Vergnügungslokale, die mit ihren grasgrünen Staketenzäunen halbverschneit am Wege lagen.

Endlich hielten wir am Ende des Dorfes und der Umspannungsmoment war nun für mich da: Schusters Rappen mußt' aus dem Stall. Er war's auch zufrieden, und willig und guter Dinge zog ich ‚fürbaß', unangefochten von der Öde der Landschaft. Aus

Sonntagnachmittags an der Berlin-Charlottenburger Pferdebahn.

Auf dem Christbaummarkt.

den Schneemassen, die die Felder zu beiden Seiten deckten, wuchsen nur ein paar vertrocknete Grashalme auf und zitterten im Winde, während die Chausseepappeln wie nach oben gekehrte Riesenbesen dastanden. Aber so trist und öde die Landschaft war, so voller Leben war die große Straße, darauf ich ging, denn in langer Reihe folgten sich die Gespanne, die von den benachbarten Seen her hochaufgetürmte Eismassen zur Stadt fuhren.

,Nach Malchow?' fragt' ich, um mich des Weges zu vergewissern.

,Joa; 't nächste Dörp.'

Und in der Tat, nicht lange, so wurd' auch der kurze Laternenturm zwischen den Pappelweiden sichtbar und unter einem Schlagbaume fort, der hier noch aus den Tagen der Hebestellen her sein Dasein fristete, hielt ich meinen Einzug.

‚Wo wohnt der Lehrer?‘

Ein junges Frauenzimmer, an das ich die Frage gerichtet hatte, trat mit einer für märkische Verhältnisse bemerkenswerten Raschheit von der Hausschwelle her auf den Damm und sagte:

‚Da; das rote Haus.‘

‚Gegenüber der Kirche?‘

‚Ja.‘

Und damit schloß unser Gespräch. Ich dankte für gütigen Bescheid und schritt auf das rote Haus zu, freudig gehoben in meinem Gemüt und wie Ibykus ‚des Gottes voll.‘ Nicht gerade von Liedern, aber doch von Hoffnungen und Bildern. Ich sah schon die verfallene Grufttreppe samt den drei Särgen vor mir und las dem alten Minister seine mit ins Grab genommenen Geheimnisse von der Stirn herunter. Entdeckungen schossen auf wie die Knospen nach einem Frühlingsregen.

Und so stand ich vor maison rouge.

‚Kann ich den Herrn Kantor sprechen?‘

Ich griff absichtlich nach dieser höheren Titulatur.

Ein Hin- und Herlaufen entstand infolge meiner Frage, zuletzt aber erschien ein kleiner Herr mit intelligenten Augen und milzfarbenem Teint, um nach meinem Begehr zu fragen.

‚Es handelt sich für mich‘, hob ich, den Hut ziehend, mit aller mir zuständiger Artigkeit an, ‚um den Staatsminister von Fuchs. In der Gruft ihrer Kirche ...‘

‚Ist zugeschüttet.‘

Ich war einen Augenblick dekontenanziert, mehr noch durch den Ton als durch den Inhalt dieser zwei Donnerworte. Wer aber weiß, daß das Menschenherz nicht gerne von Lieblingsvorstellungen läßt und nach dem Hinschwinden von Dingen und Ereignissen sich schließlich auch mit Betrachtung ihres bloßen Schauplatzes zufrieden gibt, der wird es begreiflich finden, daß ich nicht ohne weiteres das Feld zu räumen Lust hatte. Konnt’ ich nicht die Gruft haben, so wollt’ ich wenigstens die Gruft-Stelle haben, und so rekolligiert’ ich mich und sagte: ‚Wie schade. Dann bitt’ ich Sie, mir wenigstens die Kirche zeigen zu wollen.‘

‚Ich kann nur wiederholen‘, klang es jetzt unter immer sichtbarer werdenden Zeichen von Ungeduld, ‚daß die Gruft zugeschüttet ist. In der Kirche selbst befindet sich nichts. Ein Besuch würde mithin ohne Resultat für Sie verlaufen. Auch hab’ ich Schule.‘

‚Sie mißverstehen mich. Es liegt mir fern, Sie persönlich inkommodieren zu wollen. Aber ich komme bei Wind und Wetter von Berlin und bitte Sie deshalb, mir durch irgend jemand die Kirchentür aufschließen zu lassen.‘

‚Durch wen?‘

‚Vielleicht durch ein Kind oder eine Magd.‘

‚Hab ich nicht.'

Und nach dieser Schlußbemerkung zog er sich intelligenter und milzfarbener als vorher in seine Schulstube zurück.

Mein erstes war ein heißres Dankgefühl dafür, zu keiner Zeit, am wenigsten aber in der jetzigen, auf der Malchower Schulbank gesessen zu haben; mein zweites: Haß und Rache. Die ganze Reihe der Schulmeister durchgehend, deren Bekanntschaft ich in Leben oder Dichtung je gemacht hatte, konnt' ich doch keinen finden, der mir – mit alleiniger Ausnahme des maître d'école in den ‚Geheimnissen von Paris' – gleich verabscheuungswürdig erschienen wäre. <...> Und nun entsann ich mich des wenigstens für mich kaum minder interessanten und kaum minder wichtigen Punktes, gerade fünfzehn Jahre lang immer nur an freundliche Schulhäuser angeklopft zu haben. <...> Das gab mir die gute Laune wieder, und ich beschloß, ‚in Sachen der Gruft' einfach an die höhere Instanz des Pfarrhauses zu appelieren.

Wenige Schritte führten mich auf den Hof desselben. Ein kleiner braunhaariger, übrigens ebenfalls intelligent aussehender Spitz, der um meine Stiefelschäfte herumbiß, ließ mich anfänglich in erzitterndem Herzen eine Wiederholung der Schulhausszene fürchten, aber kaum daß ich an dem kleinen, seiner dienstlichen Pflicht etwas zu streng obliegenden Wachtposten vorüber war, als mich auch schon das selten täuschende Gefühl durchdrang, in einen guten und sichern Hafen eingelaufen zu sein. Der Pfarrflur, des nahen Festes halber, war in eine große Plättkammer umgewandelt worden, in der eben die Bügeleisen über breite Gardinenflächen geschäftig hin und her gingen und den Raum mit einem warmen Wrasen füllten. Alles wirtschaftlich und wohltuend, vor allem auch die Temperatur. Ich fragte nach dem Pfarrer und schickte meine Karte hinein. Sehr bald kam Antwort, daß er beim Konfirmandenunterricht sei, mich aber bitten lasse, derweilen in sein Zimmer einzutreten. Und hier war ich denn nun und wartete.

Unter Umständen nichts angenehmer als solche Warteviertelstunden, in denen man die Geschichte des Hauses oder den Charakter seiner Bewohner von den Wänden liest. Denn nichts spricht deutlicher als Zimmereinrichtungen und selbst die nichtssagenden und modisch-indifferenten machen keine Ausnahme. Sie weisen dann eben auf nichtssagende und modisch-indifferente Leute hin. In der Studierstube zu Malchow aber war nichts indifferent, und die Grecborte der Gardinen, der gotisch geschnitzte Schlüsselkasten mit Bild und Spruch, dazu der über dem Sofa thronende Thorwaldsensche Christus inmitten der abgestuften Schar seiner Jünger, alles stimmte zu den hohen Bücherregalen, auf denen die theologischen und die Fritz Reuterschen Schriften in aller Friedlichkeit beisammen standen. Und dazu die Kreuzzeitung auf dem Tisch, und ein Luftton, in welchem die Morgenzigarre nachdämmerte. Das märkische Pfarrhaus in seiner anspruchslosen und doch zugleich von Kunst und Schönheit leise berührten Behaglichkeit hatte nie lebendiger zu mir gesprochen.

Und so sollt' ich's bestätigt finden. Eine halbe Stunde später und der freund-

Fr. Sonderland, Der alte Schulmeister.

liche Pfarrer und seine noch freundlichere Frau saßen mit mir um den Kaffee-tisch, und wieder noch ein Weilchen und jener bekannte Begegnungspunkt war gefunden, wo plötzlich von sieben Seiten her alle Wege zusammenlaufen und man nur noch verwundert ist, sich nicht vorher schon getroffen und die Hände geschüttelt zu haben. Und dazu die tiefere Lebensbetrachtung: ‚Wie klein ist doch die Welt.‘

Ich glaube fast, ich war es selbst, der sich bis zu diesem Satze verstieg, und wer weiß, welche weiteren Stufen der Erkenntnis und Weisheit ich noch er-klommen hätte, wenn nicht der Pfarrer eben jetzt auf die hinter den kahlen Kirschbäumen niedergehende Sonne gedeutet und mich dadurch an den Kirchgang und die von Fuchssche Familiengruft erinnert hätte. So verabschie-deten wir uns denn bei der Frau Pfarrerin und schlugen einen Richtweg ein, der uns erst über Gartenbeete, dann über verschneite Gräber fort bis an einen Seiteneingang der Kirche führte. Und nun öffnete sich die Tür und der Zug-wind trieb über unsere Köpfe weg einen breiten Schneestreifen in die Kirche hinein. Ein fahles Rot stand noch in den Scheiben, gerade hell genug, um uns alles rundum erkennen zu lassen. Die Wände zeigten sich frisch getüncht, Or-gel und Altar blank, und die Pfeiler mit vielen Bibelsprüchen bedeckt, aber das erste Gefühl, das ich angesichts dieser Herrlichkeit hatte, war doch das einer gewissen Beschämung und einer halben Aussöhnung mit dem maître d'école drüben. ‚Ihr Besuch würde resultatlos verlaufen‘ waren seine gebildeten Wor-te gewesen, und er schien recht behalten zu sollen.

Es mochte sich etwas wie Enttäuschung in meinem Gesicht spiegeln, wes-halb der Prediger, als wir den Mittelgang halb hinauf waren, in freundlichstem Tone zu mir sagte: ‚Hier war die Gruft.‘ <...>

‚Und‘, fuhr der Prediger fort, ‚hier war auch das Fuchssche Wappen.‘ Und dabei wies er mit dem Zeigefinger auf einen Punkt in der Luft, etwa vier Fuß hoch über der Brüstung eines niedrigen Chorstuhls. <...> Aber es blieb alles unsichtbar und ich fröstelte nur noch die Frage heraus: ‚Dies ist also alles?‘

‚Ich fürchte, ja. Wenn Sie sich nicht vielleicht für einen Spruch interessie-ren.‘ <...>

Das Feuer, das aus diesem Spruch auflohte, schien mir unausreichend, die Kirchentemperatur zu verbessern, und so schlug ich einen raschen Rückzug an die Herdplätze menschlicher Wohnungen vor. Der Pfarrer schien von demsel-ben Verlangen erfüllt, und ehe fünf Minuten um waren, waren wir wieder da-heim und stampften auf der Strohmatte seines Flurs den Schnee von unseren Füßen.

Drinnen brannte jetzt Licht, aus der Nebenstube drangen Kinderstimmen und vom Flur her hörten wir das Klappern der Plätteisen, wenn neue Bolzen eingeschüttet wurden. An Wand und Decke hin aber huschten die Schatten der draußen an unserem Fenster Vorbeipassierenden. <...>

Der Abend war mittlerweile hereingebrochen und mein freundlicher Wirt begleitete mich eine gute Strecke, bis die Lichter von Weißensee hell auf mei-nen Weg fielen. Dann schieden wir, hoffentlich nicht für immer, und abermals anderthalb Stunden später lagen die Schneefelder und grünen Staketenzäune, la maison rouge und der maître d'école, das warme Pfarrhaus und die kalte Kirche, die Grecborten und das gespenstische Wappen derer von Fuchs – alles traumhaft hinter mir.

Ein entzückender Tag. Die Gruft hatte nichts herausgegeben, aber das Leben hatte bunt und vielgestaltig zu mir gesprochen.

Und das bedeutet das Beste."

Weihnachtliches Familienleben

Einen kleinen Bericht über das Fontanesche Familienleben in den Weihnachtstagen zu einer Zeit, als fast alle Kinder schon flügge sind, formuliert der Dichter im Jahre 1879 an seine jüngste Schwester Elise Weber (1838–1932), die seit 1875 mit dem Kaufmann Hermann Weber in Neucölln verheiratet ist. Bei den Recherchen zu den „Wanderungen" hat sie ihm immer wieder unermüdlich geholfen, Material zusammengesucht, alte Kirchenbücher eingesehen und sachkundige Zeitzeugen befragt. Zu ihr hat Fontane zeit seines Lebens ein herzliches Verhältnis.

„Berlin 23. Dezb. 79. Potsd. Str. 134. c.

Meine liebe Lise.
Am 24. will ich wenigstens mit ein paar Zeilen in Eurer Mitte nicht fehlen. Das Einliegende, das für Hans'[80] Teller oder Sparbüchse bestimmt ist, nimm freundlich an; vor allem aber habt alle ein frohes Fest und einen warmen Ofen.

Hier pusselt sich alles im alten Geleise weiter; Emilie wird Dir darüber vor einigen Wochen geschrieben haben. George ist viel hier, in den Festtagen natürlich ganz, was uns noch mehr erfreuen würde, wenn die Wohnung nicht so klein und eng wäre. Franzgrenadier Theo hat die Rekrutezeit hinter sich und thaut, allem Frost unerachtet, allmälig auf; Martha wird uns zu Ostern verlassen, um eine Stelle anzunehmen; der jüngste[81] hat traditionell das Schicksal in allen Familienberichten übergangen zu werden und ich will die Tradition nicht stören."

Im Jahre darauf schreibt Fontane am 22. Dezember 1880 an die Schwester:

„Meine liebe Lise.
Das bevorstehende Fest giebt mir Veranlassung, Dir und den Deinen, nach alter guter Sitte, meine Glückwünsche zu Weihnacht und Neujahr auszusprechen. Ich schließe auch den herkömmlichen Zettel bei, mit der Bitte, den einen oder andern Wunsch Deines Hans damit erfüllen zu wollen. Der jüngere gehört wohl noch zu den glücklich Wunschlosen.

Unser Leben hier ist das alte, nur noch stiller als gewöhnlich. Wir haben uns ganz aus der Welt zurückgezogen und sehen nur noch die Kinder, die 4 Mann hoch, Leben genug ins Haus bringen. Mitunter mehr, als uns, in zwei niedrigen Stuben, lieb sein kann. Es versteht sich von selbst, daß trotz dieser Zurückgezogenheit von der Welt, zu der mich Neigung und Verhältnisse gleichmäßig bestimmen, die alte Ur-Legende fortlebt, ich führte eigentlich ein Leben wie in Tausend und einer Nacht, dinirte mit Excellenzen und soupirte mit Künstlern, und wäre nur nie zu sprechen, wenn jemand von der ‚Familie‘, mich sehen wolle.

Das Letztre ist freilich richtig, aber die Gründe sind es dafür desto weniger. Es paßt den Leuten nicht, sich eine Vorstellung von den w i r k l i c h e n Verhältnissen zu machen; wer, wie Tante Pine[82], einen blos kartespielenden Bummel-Mann gehabt hat, hat keine Idee davon, daß es ein Ding in der Welt giebt, was arbeiten, Pflicht und Gewissen heißt. Uebrigens hab ich es lange aufgegeben, mich darüber zu ärgern.“

Nach der stimmungsvollen Beschreibung der vorweihnachtlichen Wanderung nach Malchow wendet sich der Leser letztlich mit einer kleinen Unmut wieder den unzähligen Gelegenheitsgedichten zu, die Fontane für familiäre Ereignisse, Feste im Freundeskreis und andere Geselligkeiten erdacht hat. Er selbst hat zahlreiche dieser Verse in seine Tagebücher eingelegt oder dort auch eingeschrieben, was beweist, daß er ihnen eine gewisse Bedeutung beigemessen hat. Die Reime, die an sie gerichtet waren, hat seine Ehefrau, neben anderen Gedichten, zumindest aus den Ehejahren, aufbewahrt, teilweise auch abgeschrieben und an Freunde und Verwandte gegeben.

So beehrt er das mit ihm befreundete Ehepaar Anna und Friedrich Witte, nebst Tochter Lise zum Weihnachtsfest 1880 (wobei das Jahr nicht ganz genau feststeht) mit spaßhaften Versen. Der Rostocker Apotheker Friedrich Witte verlegte 1862 seine pharmazeutische Fabrik in die Schnickmannstraße. Dort stellte er reines Coffein aus Teestaub, ferner Labpulver (zur Milchgerinnung), Pankreatin und Papain her. Aus Schweinemägen entwickelte er Pepsin[83], worauf Fontane in den Versen an den Freund anspielt:

An Friedrich Witte
Zu Weihnachten 1880 (?)

> „Wem vor vielen Jahren es gelungen,
> Sich durch Schweinemagen
> Reichtum zu erjagen,
> Der versuch es jetzt – mit Katzenzungen[84].“

Anna Witte, geb. Schacht (1834–1910), ist die Tochter des Dr. Julius Eduard Schacht (1804–1871), in dessen „Polnischer Apotheke“ in Berlin, Friedrichstraße, Fontane im Jahre 1846 gearbeitet hatte.

Sie erhält zum Weihnachtsfest 1880 einen Schal, und Fontane reimt:

„Nicht grade schwitzen,
Aber doch in der Wolle sitzen."

Tochter Lise Witte ist mit Martha Fontane befreundet. Für sie ersinnt der Poet die Zeilen:

An Lise Witte
Mit Seiflappen und Seife

„Was erfindungsarm will scheinen,
Laß es gelten als Treue im Kleinen."

Ein Jahr später erhält die junge Dame Nähnadeln geschenkt, und Fontane schreibt dazu, in Anspielung auf die zwei Berliner Kurzwarengeschäfte Aronheim und Stubenhauer:

An Lise Witte
Zu Weihnachten 1881
Mit verschiedenen Nadeln

„Aronheim versinkt in Trauer,
Anrückt siegreich Stubenhauer,
Siegreich, weil er besser sticht
Und mit *blanker* Waffe ficht."

In dem Weihnachtsbrief 1881 an die Schwester Lise verweist Fontane wieder auf die Weihnachtsbäckerei in seiner Kindheit in Swinemünde, wo die Kochfrau unter anderem Thorner Pfefferkuchen und Königsberger Marzipan herstellte. Anlaß seiner Reflexionen ist das ungewisse Schicksal der Nordpolexpedition des amerikanischen Kapitäns de Long im Sommer 1878, von dem man im Dezember 1881 noch keine Nachricht hat. Sein Schiff ist zwar bereits im Juni 1881 im Eis zerstört worden, doch das ist Ende 1881 noch nicht bekannt gewesen. Fontane schreibt:

„Berlin 22. Dezb. 81. Potsd. Str. 134. c.

Meine liebe Lise.
Das Fest ist vor der Thür, und da will ich denn unter den weihnachtlich Anklopfenden nicht fehlen. Ist auch der Quersack[85] ganz unruprechtsmäßig dünn, so wird man doch in sonstiger Erscheinung dem alten Jungen immer

Kahnfahrt zwischen Eisbergen vor Labrador.

ähnlicher und bringt sein Theil Weiß mit, auch ohne Schneeflocken im Bart. Möge das Fest Dir, Weber und natürlich vor allem den Kindern in herzlicher Freude vergehn; wenn man, wie seit gestern, von d e n e n in den Zeitungen liest, die vier Weihnachtsfeste hintereinander im Polarmeer zugebracht haben und wahrscheinlich nichts aufgebaut kriegten als einen neuen Eisberg und einen neuen Eisbären, so beschließt man unwillkürlich mit einem Thorner Pfefferkuchen und einem Königsberger Marzipanherzen zufrieden < zu> sein. Für mich persönlich wenigstens kann ich einstehn. Erfülle mit dem Beifolgenden ein paar Wünsche der Kinder, so weit sie noch nicht erfüllt sind, und sei, sammt all den Deinen, herzlich von uns gegrüßt. Wie immer Dein alter
    Th. Fontane."

Ab 1881 führt Fontane, wie bereits in den fünfziger Jahren, wieder täglich Tagebuch, wenn auch zumeist nur mit kurzen Mitteilungen:

„Ich will nun wieder anfangen, täglich zu schreiben; was mich viele Jahre lang verhindert hat: Gesellschaftsrennerei, fällt jetzt fort", notiert er am 1. Januar 1881.
    Soweit seine Tagebücher aus der Zeit davor ab 1866 noch erhalten sind, finden wir darin bis 1880 nur spärliche Hinweise auf die familiären Weihnachtsfeste, die hoffentlich nicht so dürftig waren, wie sie sich in seinen dürren Worten darstellen:

„Weihnachten und Geburtstag laufen glatt; am Sylvester zu Haus, still ins neue Jahr getreten." (1866)

„November und Dezember an meinem Kriegsbuche weiter gearbeitet. Gesellschaftlich alles ziemlich still. Am Weihnachtsheilig-Abend Lepel und Frau R. R. Müller[86] bei uns. Am ersten Weihnachtstage Besuch bei Major v. Unger [87]." (1867)

„Weihnachten kommt George auf Besuch von Cassel; erst sehr glücklich, dann Verstimmungen. Erste Anfänge ungeregelter Finanzwirthschaft." (1868)

„Die Weihnachtstage vergingen nicht sehr angenehm; George war auf 14 Tage zum Besuch bei uns und erfreute uns wenig durch seine Haltung. Der ‚Fähnrich' machte sich geltender als es unsren Wünschen entsprach." (1869)

„Am Weihnachts-Heiligabend waren Lepel, Eggers, Herr v. Schweitzer und Magret Merington bei uns." (1871)

Im Oktober des Jahres 1872 zieht die Familie Fontane in die Potsdamerstraße 134 c, eine Wohnung im 3. Stock, in der der Dichter im Jahre 1898 auch versterben wird.
„Mög es Potsdammerstraße 134 c. nicht schlechter uns ergehn als Hirschelstraße 14, das sich später, zu Ehren von anno 66, in Königgrätzer Straße 25[88] verwandelte.
Die Neu-Einrichtung dauert sehr lange; kaum zu Weihnachten sind wir in Ordnung." (1872)

„George zu Weihnachten auf Besuch; ebenso treffen Lübkes[89] von Stuttgart und Roquette[90] von Darmstadt ein." (1873)

„George war auf Urlaub da und erneuerte seinen Besuch in der Weihnachtswoche. – Der Weihnachtsabend verging stiller als gewöhnlich, Tante Merckel kam auf eine halbe Stunde, sonst kein Besucher. Auch die Feiertage waren ruhig; Elise stellte uns ihren Bräutigam vor." (1874)

„Die Weihnachtstage vergingen ruhig;" (1875)

„Georges Urlaub lief Ende November ab; in der Weihnachtswoche, wie gewöhnlich, war er wieder hier." (1876)

„Weihnachten kam George aus Halberstadt und blieb bis zum neuen Jahr." (1877)

„Zum Fest kommt George von Oranienstein[91] auf Besuch." (1878)

„Im Dezember beginn ich mit meiner Novelle L'Adùltera. Zu Weihnachten erscheint der 2. Band Wanderungen ‚Oderland' (3. Aufl.) und die ‚Reiterbilder' illustrirtes Prachtwerk[92]. George, schon am 1. Okt. von Oranienstein nach Lichterfelde versetzt, ist während des Festes bei uns." (1879)

„Weihnachten still in der Familie." (1880)

Am 23. und 24. Dezember 1881 notiert Fontane ein wenig ausführlicher seinen Tagesablauf. Doch rechte Weihnachtsstimmung ist seinen Zeilen nicht zu entnehmen:

„23. Dezember, Freitag.
Gelesen. In die Stadt. Besuch der Blechen-Ausstellung[93] in der National-Galerie. Zu Bath[94]. Marzipan gekauft bei Schwanke[95] in der Königsstraße. Flanirt in Alt-Berlin. Um 6 wieder zu Haus. Gearbeitet: Blechen. Gelesen."

„24. Dezember, Sonnabend.
Gelesen. In die Stadt. Kleine Weihnachts-Einkäufe. Aufbau sehr spät, erst nach 8, weil Friedel der Christbescherung bei Langenscheidts[96] beiwohnen mußte. Bei Sherry-Punsch den Abend verplaudert; Friedel hielt, wie herkömmlich, seine Rede."

Die Vorweihnachtstage und auch das Fest 1882 stehen unter dem Zeichen von Besuchen und viel Arbeit. Fontane hat unter Druck an den „Wanderungen: Fünf Schlösser" zu arbeiten:

„22. Dezember, Freitag.
Einladungen zum Fest zu Wangenheims[97] und Heyden[98]. Weihnachtskiste von Wittes. Packet und Brief an Dr. Brummerstaedt[99], Rostock geschickt. – Gearbeitet: Dreilinden. Nachmittagsbesuch von W. Lübke und Zoellner[100]. Vorher Fräulein Conrad[101]. Abendspaziergang. Gelesen."

„23. Dezember, Sonnabend.
Gearbeitet: Dreilinden. Die ersten drei Kapitel zur Post gegeben. – In den Rütli bei K. Eggers; auch W. Lübke zugegen. Abendspaziergang. Gelesen."

„24. Dezember (Sonntag) bis 31. Dezmbr. 82.
Der Weihnachtsabend, nach in zwölfter Stunde eingekauftem Marzipan etc, verlief wie herkömmlich. Die letzte Woche des Jahres war eine Arbeitswoche; am 25. früh erschien das 1. Kapitel von Dreilinden in der Vossischen und da die folgenden sechs Kapitel noch durchzucorrigiren waren, so gab dies eine wahre Hetzjagd und Angst und Noth dazu."

Fritz Gehrke,
Die Reichshauptstadt
in festlicher Beleuchtung.

Fontanes literarische Produktion hat sich etwa seit 1878 gesteigert: im März 1882 erscheint die Buchausgabe von „L'Adultera" (der Roman war allerdings schon im Jahre 1880 in verschiedenen Zeitschriften veröffentlicht worden). Auch wird 1880 der letzte Band der „Wanderungen" mit „Spreeland" abgeschlossen. 1881 wird „Ellernklipp" in Zeitschriften abgedruckt.

Sein privates Leben wird hingegen immer ruhiger. Im zweiten Band der „Briefe an seine Familie", die K. E. O. Fritsche 1905 herausgibt, berichtet er eingangs über den Schwiegervater:

„In der einfachen Regelmäßigkeit des Lebens, das Fontane in seinem Alter führte, und in der Art seiner zwischen kritischer Betätigung, geschichtlichen Studien und dichterischen Schöpfungen geteilten Arbeit haben sich in dem Zeitabschnitt, dem die nachstehenden Briefe angehören, wesentliche Veränderungen nicht vollzogen. Doch sind gerade die Jahre 1882 und 1883, in denen er vielfach durch Krankheit heimgesucht wurde, für ihn weniger ergiebig gewesen, als die vorangegangenen und folgenden Jahre. Im Jahre 1882 vollendete er den Roman ‚Schach von Wuthenow', im Jahre 1883 ‚Graf Petöfy'. Im letztgenannten Jahre wurde auch der erste Entwurf zu dem Roman ‚Irrungen und Wirrungen' aufgestellt und die literaturgeschichtliche Studie über ‚Christian Friedrich Scherenberg und das literarische Berlin von 1840 – 1860' begonnen."

Der Roman „L'Adultera" (Die Ehebrecherin) ist von Dezember 1879 bis April 1880 entstanden. Modell war ein Berliner Skandälchen. Die Arbeit ist Fontanes erster Berliner Gesellschaftsroman. Der Dichter behandelt den Ehebruch einer jungen, verwöhnten Frau und Mutter von zwei Kindern, die ihren älteren wohlhabenden Mann verläßt und mit einem jüngeren, ebenfalls wohlhabenden Mann eine glückliche zweite Beziehung eingeht.

Das Modell für den „gehörnten" Gatten ist der Berliner Großindustrielle Louis Ravené jun. (1823–1879). Fontane wird mit dem Stoff allerdings erst kurz nach dem Tode des verlassenen Ehemannes bekannt gemacht. Doch erscheint, wie später „Effi Briest", der Roman noch zu Lebzeiten der treulosen Dame, wobei es zumindest in Berliner Kreisen als allgemein bekannt gilt, wer die Vorlage hierfür geliefert hat. Das Vorbild ist Therese Simon, gesch. Ravené (1823–1879).

Fontane läßt die Zentralfigur, Melanie van der Straaten, am Weihnachtsabend ihrem Ehemann gestehen, daß sie ein Kind vom Sohn eines Geschäftsfreundes ihres Mannes, Ebenezer Rubehn, erwartet. Hierbei führt er dieses Geständnis, der Feierlichkeit des Tages angemessen, überaus diskret ein:

Weihnachten im Hause van der Straaten

(aus: „L'Adultera")

„Und so kam Heiligabend, und im ersten Saale der Bildergalerie waren all unsere Freunde, mit Ausnahme Rubehns, um den brennenden Baum her versam-

Karl Müller-Rastatt, Unter dem Christbaum, 1855.

melt. Elimar und Gabler[102] hatten es sich nicht nehmen lassen, auch ihrerseits zu der reichen Bescherung beizusteuern: ein riesiges Puppenhaus, drei Stock hoch, und im Souterrain eine Waschküche mit Herd und Kessel und Rolle[103]. Und zwar eine altmodische Rolle mit Steinkasten und Mangelholz. Und sie rollte wirklich. Und es unterlag alsbald keinem Zweifel, daß das Puppenhaus den Triumph des Abends bildete, und beide Kinder waren selig. Sogar Lydia tat ihre Vornehmheitsallüren beiseite und ließ sich von Elimar in die Luft werfen und wieder fangen. Denn er war auch Turner

Puppenhaus, um 1860–1880

und Akrobat. Und selbst Melanie lachte mit und schien sich des Glücks der andern zu freuen oder es gar zu teilen. Wer aber schärfer zugesehen hätte, der hätte wohl wahrgenommen, daß sie sich bezwang, und mitunter war es, als habe sie geweint. Etwas unendlich Weiches und Wehmütiges lag in dem Ausdruck ihrer Augen, und der Polizeirat sagte zu Duquede: ‚Sehen Sie, Freund, ist sie nicht schöner denn je?‘

‚Blaß und angegriffen‘, sagte dieser. ‚Es gibt Leute, die blaß und angegriffen immer schön finden. Ich nicht. Sie wird überhaupt überschätzt, in allem, und am meisten in ihrer Schönheit.‘

An den Aufbau schloß sich, wie gewöhnlich, ein Souper, und man endete mit einem schwedischen Punsch. Alles war heiter und guter Dinge. Melanie belebte sich wieder, gewann auch wieder frischere Farben, und als sie Riekchen und Anastasia, die bis zuletzt geblieben waren, bis an die Treppe geleitete, rief sie dem kleinen Fräulein mit ihrer freundlichen und herzgewinnenden Stimme nach: ‚Und sieh dich vor, Riekchen. Christel sagt mir eben, es glatteist.‘ Und dabei bückte sie sich über das Geländer und grüßte mit der Hand.

‚Oh, ich falle nicht‘, rief die Kleine zurück. ‚Kleine Leute fallen überhaupt nicht. Und am wenigsten, wenn sie vorn und hinten gut balancieren.‘

Aber Melanie hörte nichts mehr von dem, was Riekchen sagte. Der Blick über das Gelände hatte sie schwindelig gemacht, und sie wäre gefallen, wenn sie nicht van der Straaten aufgefangen und in ihr Zimmer zurückgetragen hätte. Er wollte klingeln und nach dem Arzte schicken. Aber sie bat ihn, es zu lassen. Es sei nichts, oder doch nichts Ernstes, oder doch nichts, wobei der Arzt ihr helfen könne.

Und dann sagte sie, was es sei.“

104

Weihnachten 1882–1887

Am 17. Dezember 1882 erhält Schwester Elise wieder den obligaten Weihnachtsbrief von ihrem Bruder Theodor. Dieses Mal fällt er besonders kurz und darüber hinaus auch noch recht pietätlos aus. Tante Pinchen ist verstorben. Bei ihr hat Theodor Fontane in seiner Jugend, als er die Klödensche Handelsschule in Berlin besuchte, zeitweise gewohnt. Damals hatte er sie, die mit August Fontane, einem leichtsinnigen Onkel des Dichters, verheiratet war, sehr gern gehabt.

„Meine liebe Lise.
Habe, so gut es geht, ein frohes und glückliches Fest und freue Dich der Freude der Kinder, zu der einliegendes Scherflein ein Geringes beitragen möge.
    Seit Langem will ich zu Dir kommen, aber ich bin seit dem Tage, wo Tante Pine eingebuddelt wurde (beinah läßt sich's so nennen) nicht wieder in der Koepnicker-Straßengegend gewesen. Arbeitsmaschine, so tret ich auch an das Fest und in das Fest.
    Mit herzlichen Wünschen für Dein Wohlergehn, Dein

Theodor."

Das Weihnachtsfest 1883 läßt Fontane noch einmal in einem Brief vom 2. Januar 1884 an Mathilde von Rohr Revue passieren:

<...> „Das Fest, wie auch meinen Geburtstag, verbrachten wir still zu Haus, ein wahres Glück, ich habe nicht die geringste Neigung mehr in großen oder kleinen Gesellschaften umherzustehn, erst mit dem Hut und nachher mit einer Tasse Thee in der Hand, allerlei gleichgültiges und dummes Zeug zu hören oder was noch schlimmer ist selber zu sprechen und sich schließlich an einer Majonnaise den Magen zu verderben. Das ist für junge Leute oder für Offiziere und Geheimräthe, die dergleichen mit Recht als ,Dienst' ansehn. Ich bin ,außer Dienst' und will wie den Schaden auch den Vortheil davon haben.
    George war zum Feste hier, Theo hatte sich von seiner Krankheit leidlich wieder erholt und Martha kam zu Zeiten, so daß wir ein paarmal allesamt (natürlich auch Friedel) zusammen waren."

Über das Weihnachtsfest 1884 heißt es in Fontanes Tagebuch:
„Am 20. Dezember kommt George aus Wahlstatt[104], um die Weihnachtsferien bei uns zu verbringen; am Heiligabend sind wir alle beisammen, nur Friedel fehlt, aber ein Fest- und Familienbrief von ihm wird verlesen. – Am 1. Feiertag sind wir mit Zöllners bei Heydens."

Über die Jahre 1884 und 1885 erzählt Schwiegersohn Fritsch:

„In den ersten Monaten des Jahres 1884 vollendete Fontane seine Arbeit über ‚Christian Friedrich Scherenberg'[105] usw., die demnächst in der ‚Vossischen Zeitung' und ein Jahr darauf in einer Buchausgabe erschien. In seiner Sommerfrische in Thale[106] entwarf er den Plan zu der Novelle ‚Cécile', mit deren weiterer Ausarbeitung er sich in Krummhübel[107] beschäftigte. Im Oktober und im November 1884 wurde die für die ‚Gartenlaube' bestimmte Kriminalnovelle ‚Unterm Birnbaum' geschrieben, die in den ersten Monaten des Jahres 1885 zur Vollendung gelangte. Im Sommer dieses Jahres, den Fontane wieder in Krummhübel zubrachte, setzte er die Arbeit an ‚Cécile' fort und entwarf den Plan zu einer zweiten, für die ‚Gartenlaube' bestimmten, zum Teil im schlesischen Gebirge spielenden Erzählung ‚Quitt'."

Am 23. Dezember des Jahres 1884 berichtet Fontane dem Sohn Friedrich nach Jena, wo dieser bei dem Buchhändler Fromman arbeitet:

„Mein lieber Friedel.

Mamas Weihnachtskiste ist hoffentlich schon in Deinen Händen, und von mir sollen Dir wenigstens die herzlichsten Wünsche nicht fehlen. Ich denke mir, daß Du morgen, den Tag über, noch viel zu tun haben und den Abend halb bei Deinem Chef, halb bei Baltzens[108] (denen wir uns angelegentlichst empfehlen) zubringen wirst. Wo's aber auch sei, sei heiter und vergnügt und nimm teil an der Freude der andern. Dabei fällt dann immer auch etwas eigne Freude ab.

Hier sieht es leidlich aus; das polnische Mädchen, das wir haben, befriedigt zwar nur unvollkommen, aber als Polin kann sie wenigstens Karpfen kochen, was ja in der Weihnachtszeit etwas bedeutet. Gestern hat sie sich dadurch in momentane Gunst hineingekocht. <...>

Nochmals: habe einen frohen Tag, einen glücklichen Abend. Bei dem bekannten Sherrypunsch, wo wir Dich und Deine Rede vermissen werden, werden wir Deiner in Liebe gedenken. Wie immer Dein alter

Papa."

Ein Jahr später teilt Fontane dem immer noch abwesenden Sohn Friedrich im Weihnachtsbrief vom 22. Dezember 1885 mit:

„Mein lieber, alter Friedel.

Du sollst doch wenigstens einen Gruß zum Heiligabend von mir erhalten. Bei Tage wird es wohl noch viel für Dich zu tun geben, aber am Abend wird sich hoffentlich ein Bäumchen finden, an dessen Lichterglanz Du teilnehmen, und ein Pfefferkuchen, den Du auf sein näheres oder entfernteres Verhältnis zu Hildebrandt prüfen kannst. Ich wünsche Dir recht frohe Stunden, die Dich das Fernsein von Hause vergessen lassen.

Leider ist Schlackerwetter, so daß Du der Eisfreuden während der Feiertage verlustig gehst. Hier ist alles leidlich bei Wege, mit Ausnahme von mir selbst;

Sylvesterkarpfen in Berlin.

Stubenluft kann ich nun 'mal nicht vertragen, und auf einer Tiergartenbank läßt es sich jetzt nicht sitzen und träumen. Ich hätte Bremser oder Droschkenkutscher werden müssen, da stünd' es besser mit meinen Nerven. Nun, es muß auch so gehen. Die Vossin[109] brachte heute früh eine vorzügliche Besprechung meines ‚Birnbaum‘ von L.P., die freilich auf den Absatz keinen Einfluß haben wird. Wie immer Dein alter Papa.“

Aus dem launigen Briefstil ist zu schließen, daß es Fontane ausnahmsweise einmal gesundheitlich gutgeht, was er auch Anfang Januar 1886 ausdrücklich in seinem Tagebuch vermerkt:

„Die Wintermonate vergehen insoweit glücklich, als ich (zum erstenmal in meinem Leben) gesund und arbeitsfähig bleibe.“

Dieses körperliche – und seelische – Wohlbefinden drückt sich alsbald in einer gesteigerten Unternehmungslust aus. Waren die Festtage der letzten Jahre gleichförmig und still gewesen, heißt es zum Ende des Jahres 1885 in seinem Tagebuch:

„Am 20. oder 21. Dezember kommt Theo von Münster auf Weihnachtsbesuch; am 24. (Heiligabend) verlobt sich George mit Frl. Martha Robert; älteste Tochter des Justizrats Robert. Allseitige große Freude. – Am 26. Diner bei den alten Schwerins[110], am 27. Diner bei Roberts, am 28. an Onkel Scherz zum Geburtstag geschrieben, am 29. Diner bei Wangenheim, Hofprediger Windel zugegen. Am 30. Geburtstag: viele Briefe und Gratulanten; um 6 Uhr ins Theater, wo die ‚Journalisten‘[111] gegeben werden <...> Am 31. wieder ins Theater <...> Emilie zum Sylvesterpunsch zu Roberts. Die Kinder munter und fidel, die Alten mit. Mög' es so bleiben!“

Das Weihnachtsfest im Jahre 1886 steht im Schatten der Korrekturen zu der Novelle „Irrungen und Wirrungen“, so daß Fontane, wie häufig, im Tagebuch vermerkt:

„Weihnachten und Sylvester verbrachten wir in aller Stille.“

An den frischverheirateten Sohn Theodor hat er bereits am 13. Dezember 1886 geschrieben:

„Strengt Euch nur nicht mit Weihnachtsgeschenken an, jede Mark ist weggeworfen; man muß mit solchen alten Geschichten brechen, wenn man nicht Harun al Raschid[112] oder Bleichröder ist[113].“

Ehefrau Emilie erhält zum 24. Dezember einmal wieder einen schlichten Reim, der darauf schließen läßt, daß sie einen Wunsch offen hat:

An Emilie
Zum 24. Dezember 1886

„Service – Zettel

Heute nur dies:
Kommt ein bonheur
Kommt auch ein Service
Von Serviteur."

Eine Weihnachts-Heimreise mit Unterbrechungen erlebt der siebenund-
zwanzigjährige Tier- und Landschaftsmaler Hubert von Heyden (1860–1911),
Sohn des Rütli-Mitgliedes August von Heyden (1827–1897). Er wohnt in
München. Kurzentschlossen will er zum Weihnachtsfest seine Eltern besuchen, die in Berlin am Lützowplatz wohnen. In Hof (Fichtelgebirge) hat die
Reise alsbald ein Ende, da aufgrund starken Schneefalles der Zug nicht weiter-
fährt. Der junge Mann sitzt dort drei Tage fest und kommt erst am 2. Weihnachtstag am Zielort an, des Spottes der Freunde seiner Eltern und damit auch
Theodor Fontanes gewiß. Auf dieser Tour ziehen zahlreiche weihnachtliche
lukullische Genüsse an ihm vorbei, doch er ist sparsam, verkneift sich alles, des
heimatlichen Weihnachtsstollens gewiß.
Fontane dichtet:

Hubert in Hof
(Zur Begrüßung Huberts v. H. am 2. Weihnachtsfeiertag 1887)

„Hubert der Maler – am Isarstrand
Sitzt er in Bajuvarenland.

 Er sitzt und sinnt: ‚Wohl bin ich froh
In der Mönchestadt, in Monaco,
Wohl trink ich hier Weihen-Stephan am Quell,
Und doch mein Aug, es wird trüb und hell,
Mein Aug, es sieht, als wär es im Traum,
Am Lützowplatz einen Weihnachtsbaum.
Es geht nicht länger, ich will nach Haus,
Mir geht hier Laun und Stimmung aus,
Ich reis auch gleich, ohne lang zu schreiben,
Und wenn fünf Minuten in Hof mir bleiben,
So telegraphier ich nach Berlin-West:
‚Komme noch heute, komme zum Fest.
  Hubert in Hof.'

Gesagt, getan. Er nimmt ein Billet.
Ei, das Reisen, es ist doch nett,
Der Wagen ist warm, die Sitze sind breit,
Und draußen, so still. Und wie hübsch es schneit,
‚Ich mache mir nichts aus Sturm und Regen,
Aber Schnee, der komme meinetwegen,
Den schüttelt man ab, der macht nicht naß,
Schneewetter, vor allem lieb ich das,
Schnee dämpft selbst des Eilzugs Gestöhn und Gedröhn,
Schnee ist bloß hübsch, Schnee ist bloß schön!‘

So Hubert, als er in erster Stund
In Nähe von Freising sich befund.
Auch in Ingolstadt noch. Aber schon bei Fürth
Die Sache ziemlich bedenklich wird,
Es schneit und schneit, es fällt und fällt,
Ein Schneehaufe wird die ganze Welt,
Bäume, Dächer, Kirchturmspitzen,
Alle schon tief in der Kappe sitzen,
Und als die Maschine, die längst nicht mehr fleucht,
Sich bis nach Hof hin durchgekeucht,
Da sitzen sie fest, der Zug steht still,
Die Wand nicht weiter sich öffnen will,
Und die Schaffner rufen: ‚Aussteigen; zu Nacht
Wird vorläufig hier Quartier gemacht.‘
Entsetzen, Lachen, Fluchen, Gewimmer,
Alles stürzt ins Wartezimmer,
Nur einer kennt eine höhere Pflicht,
Er telegraphiert: ‚Erwartet mich nicht.
Eingeschneit. Macht Euch keine Sorgen.
Ich sitze hier fest, komm also morgen.
 Hubert in Hof.‘

Das klang noch zunächst vergnüglich fast,
Aber die Länge, sie hat die Last,
Ihr alle kennt den Ausspruch ja:
‚Früh um acht in Potsdam, was soll ich da?‘
Und Potsdam ist immer doch Potsdam noch,
Aber ‚Hof‘, da reißt denn der Faden doch,
Wen kann es trösten, wer kann dran genesen,
Daß Jean Paul in Hof auf der Schule gewesen.
Und der Wartesaal! Himmel, welche Gerüche,
Dunst und Wrasen aus Keller und Küche,
Von Stiefelsohlen die Schneekrustschmelze,

W. Gause, Weihnachtstreiben auf dem Bahnhof.

Zigarren aus Östreich, Judenpelze,
Körbe mit Eiern, mit Hering und Käse,
Kanonenöfen mit Glutgebläse,
Zwiebel-Beefsteak, bayrische Würste,
Gepfeffert, gesalzen, von wegen der Dürste.
Ja Dürste! Riesig wächst der Wunsch
Nach Glühwein, Knickebein, Grog und Punsch,
Salate von Fisch, Mayonnaise von Hummer.
Manch vermostrichte Zeitungsnummer,
Vier Wochen alte Kladderadatsche,
Witze, politisches Getratsche,
Harfenistinnen, Geige, Klaviergeklimper,
Courmacher, derb und mit Gezimper,
Und allviertelstündlich ein neuer Rapport:
‚Es schneit und schneit noch immer fort.‘
So sitzen sie fest und spielen Skat,
Und nach Haus hin sehnt sich, früh und spat,
 Hubert in Hof.

Doch, Gott sei Dank, ’s steht irgendwo
(Confuz oder König Salomo),
‚Ein jedes Ding hat seine Zeit‘,
Und so hat’s denn auch endlich ausgeschneit.
‚Einsteigen‘ erklingt das süße Wort,
Und wieder norderwärts geht es fort,
Lokomotive, tapfrer Held,
Schlägt sich durch bis Bitterfeld,
In Wittenberg, wie Sirenengesang,
‚Apfelkuchen‘ klingt es den Bahnsteig entlang,
Aber Wachs ins Ohr, nur nicht kosten wolln,
Es ruft ja der beßre Weihnachtsstolln –
Er ruft ...Und treppauf mit einem Satz
Ist Hubert jetzt heim am Lützowplatz,
 Hubert in Hof.“

Zu den familiären und literarischen Ereignissen der Jahre 1886 bis 1888 kommt wieder mit einer Zusammenfassung Schwiegersohn Fritsch zu Wort:

„In die Jahre 1886–1888 fallen als für das Leben der Fontanes wichtige Ereignisse: die Verheiratung seiner beiden ältesten Söhne, die Geburt seines ersten Enkels und der Tod seines Sohnes George. Von seinen literarischen Arbeiten wurden in diesem Zeitabschnitt vollendet und veröffentlicht: die Novelle ‚Cécile‘, der Roman ‚Irrungen und Wirrungen‘, die Kapitel Quitzöwel und Plaue aus ‚Fünf Schlösser‘ sowie die Mehrzahl der später in dem Buche

‚Von, vor und nach der Reise‘ zusammengestellten kleineren Erzählungen. ‚Quitt‘ wurde im wesentlichen beendigt, die Novelle ‚Stine‘ wieder in Angriff genommen. Als ein neues Werk entstand in den letzten Monaten des Jahres 1887 die erste Niederschrift des Romanes ‚Unwiederbringlich‘.“

Zum Weihnachtsfest 1887 ist im Tagebuch erneut die lapidare Feststellung vermerkt:

„Weihnachten und Sylvester waren still.“

Weihnachten in Schleswig-Holstein und Dänemark

Der Roman „Unwiederbringlich“, dem eine Ehebruchsgeschichte aus Mecklenburg zugrunde liegt, schließt Fontane Ende 1887 ab. Er verlegt die Handlung an die Flensburger Förde nach Holnis und Dänemark, und zwar dort nach Kopenhagen und Frederiksborg. Hinter ihm und Emilie liegen furchtbare Wochen. Denn der älteste Sohn George ist, jung verheiratet, qualvoll an einer Blinddarmentzündung verstorben, eine Infektion, für die es, vor der Entdeckung des Penicillins im Jahre 1928, keine Rettung gab. Auch August Groth (1866–1889), der jüngste Sohn des Dichters Klaus Groth, der mit Fontane gut bekannt war, erliegt zwei Jahre später dieser Erkrankung.

Unmittelbar vor Weihnachten ist Fontane mit dem Roman fertig und notiert in seinem Tagebuch:

„Während des Vierteljahres vom 1. Oktober bis 31. Dezember 1887 war ich sehr fleißig, fühlte mich auch meistens wohl. Ich schrieb den in Schleswig-Holstein und auf Seeland spielenden Roman ‚Unwiederbringlich‘, ein Stoff, den ich Frau Geheimrätin Brunnemann verdanke. Am 23. Dezember war ich mit der ersten Niederschrift fertig.“

Es handelt sich hierbei um Marie Brunnemann, geb. Meyerinck, die ihm bereits im Jahre 1885 über das Geschehen auf Schloß Ivenack in Strelitz (Mecklenburg–Strelitz) Mitteilung gemacht hatte. Fontane berichtet darüber am 21. November 1888 an den Publizisten Julius Rodenberg (1831–1914):
„Vor drei, vier Jahren schrieb mir Frau Geh.R. Brunnemann, geb. v. Meyerinck <...> einen langen Brief aus Italien und darin – angeregt durch eine Novelle von mir – folgende Familiengeschichte. Baron Plessen-Ivenack, auf Schloß Ivenack in Strelitz, Kavalier comme il faut, Ehrenmann, lebte seit 18 Jahren in einer glücklichen Ehe. Die Frau, 37, noch schön, etwas fromm (die Strelitzer tun es nicht anders). Er Kammerherr. Als solcher wird er zu vorübergehender Dienstleistung an den Strelitzer Hof berufen. Hier macht er die

Bekanntschaft eines jungen pommerschen Fräuleins, v. Dewitz, eines Ausbundes nicht von Schönheit, aber von Piquanterie. Den Rest brauche ich ihnen nicht zu erzählen <...> Dies ungefähr das, was mir Frau Brunnemann in Damenstil und Damenhandschrift schrieb. ‚Ich könne damit machen, was ich wolle – ich hätte es zu freier Verfügung.' (Sie ist eine Cousine des Hauses.). Ich bin aber doch kluger Feldherr gewesen, was ihr nachträglich s e h r lieb zu sein scheint, und habe die Geschichte nach Schleswig-Holstein und Kopenhagen hin transponiert, so daß sie jetzt zu kleinerem Teil auf einem Schloß in der Nähe von Glücksburg, zu größerm in Kopenhagen und auf der Insel Seeland spielt. <...> Geschrieben habe ich die Geschichte jetzt vorm Jahr, in den Wochen und Monaten, die dem Tode meines Sohnes folgten. Ich habe mich unter der Arbeit bei Trost und Frische gehalten.″

Die Haupthandlung verlegt Fontane in das Jahr 1859, als das dänische Schloß Frederiksborg, angeblich durch die Unvorsichtigkeit der Louise Gräfin Danner (1815–1874), der Geliebten Frederiks VII. von Dänemark (1808 – 1863), die ihm zur linken Hand angetraut wurde, abbrannte. Der Dichter, durch seine Reisen nach Schleswig-Holstein und Kopenhagen im Zuge seiner Recherchen zu seinem Buch „Der Schleswig-Holsteinische Krieg im Jahre 1864" landeskundig, beschreibt die Ehe eines adligen Schleswiger Gutsbesitzers, der zu dänischen Hofdiensten herangezogen wird. Noch waren die Herzogtümer Schleswig und Holstein in Personalunion mit dem Königreich verbunden. Dort verliebt er sich in eine schwedische Hofdame, Ebba von Rosenberg. Er will sich von seiner bigotten Ehefrau scheiden lassen, nicht ahnend, daß die Hofdame ihn auslachen und einen anderen Mann heiraten wird. Kurz vor dem Weihnachtsfest ersucht er um Urlaub bei Hofe, um sich zu Hause seiner Ehefrau Christine zu offenbaren.

Fontane hofft, daß der Verleger Kröner die Arbeit alsbald in der Familienzeitschrift „Die Gartenlaube" drucken wird, die für ihre guten Honorare bekannt ist. So reimt er erwartungsfroh zum Weihnachtsfest 1887 für Ehefrau Emilie, der noch, wie immer, die mühselige Aufgabe des handschriftlichen Abschreibens bevorsteht:

An Emilie
Zum 24. Dezember 1887

„Der neue Roman, ich hab ihn fertig,
Wenn auch nicht in allen Stucken,
Er ist noch deiner Abschrift gewärtig, –
Dann kann ihn Kröner drucken

‚Unwiederbringlich' sein Titel ist,
Unwiederbringlich ist vieles,
Doch lassen wir das zum Heiligen Christ
Und gedenken wir – u n s r e s Zieles."

Doch erst im Jahre 1890 wird der, nunmehr stark erweiterte und veränderte Roman in der Zeitschrift „Die Rundschau" abgedruckt. Im Jahre 1891 erscheint er bei Wilhelm Hertz als Buch.

Das fingierte klassizistische Herrenhaus „Holkenäs", das sich Fontane am Steilufer bei Holnis, unweit Glücksburgs denkt und dessen Namen er möglicherweise aus dem Ort „Holnis" und dem gegenüberliegenden, nunmehr dä-

Gustav Schönleber, Holnis bei Glücksburg, 1881.

115

Dünnwandiger Glaschristbaumschmuck in Form von unterschiedlichen Früchten, teils mit Gelatineüberzug teils mit Venezianisch Tau bestreut sowie mit leonischen Drähten umsponnen. Blätter aus geprägtem Papier. Ende 19. Jhd.

Doppelseitig lithographierte Papiersterne, mit Glimmer bestreut, in der Mitte biblische Darstellungen auf Transparentpapier. Letztes Drittel 19. Jhd.

Henrik Olrik, 1830–1890, dänische bürgerliche Weihnachtsfeier 1859.

nischen „Rinkenäs" zusammengesetzt hat, ist Handlungshintergrund für den Abschiedsbesuch des ehebrüchigen Grafen Holk von seiner Gemahlin Christine am Weihnachtsvortage. Im Herrenhaus bereitet man sich auf das Christfest vor.

Doch zuvor beschreibt Fontane noch die dekorative Kulisse der Halle von Schloß Frederiksborg, die in den Vorweihnachtstagen prachtvoll festlich ausstaffiert worden ist.

Eine Weihnachtsvorfeier auf Schloß Frederiksborg

(aus: „Unwiederbringlich")

„Kurz vor zwölf war man im Schlosse zurück, gerade noch früh genug, um rechtzeitig bei der Prinzessin erscheinen zu können. Pentz und die Schimmelmann, die den Dienst hatten, empfingen die Geladenen, und nachdem die bald danach eintretende Prinzessin an jeden einzelnen ein Wort der Begrüßung gerichtet hatte, verließ man die Wohn- und Empfangszimmer, um sich über einen mit Karyatiden[114] reich geschmückten und augenscheinlich einer späteren Zeit angehörigen Korridor hin in die große Herluf Trolle-Halle zu begeben, dieselbe Halle, darin man, am Abend vorher, bei Kaminfeuer und Kienfackeln erst die großen Bilder, so gut es ging, betrachtet und dann dem erklärenden Schleppegrellschen[115] Vortrage zugehört hatte. Ja, die Halle war dieselbe; trotzdem zeigte sich seit gestern insoweit eine Veränderung, als jetzt helles Tageslicht einfiel (die Mittagsstunde hatte wieder Sonnenschein gebracht) und allem etwas Heiteres lieh, ein Eindruck, der durch eine mit Blumen und altnordischen Trinkgefäßen beinah phantastisch geschmückte Prunktafel noch gesteigert wurde. Schmuck überall, geschmückt auch die Wände. Da, wo sich die hohen Paneele mit den breiten Barockrahmen der Wandbilder berührten, hingen Mistel- und Ebereschenbündel an Girlanden von Eichenlaub, während eine quer durch die Halle gezogene Wand von Zypressen und jungen Tannenbäumen den dunklen Hintergrund von dem festlich hergerichteten Vorderraum abtrennte. Das Ganze, soviel war augenscheinlich, sollte den Weihnachtscharakter tragen, oder, wie die Prinzessin sich ausgedrückt hatte, wenigstens ein Vorspiel zum Julfeste[116] sein. Orangen, in fast überreicher Zahl, waren überall in das Tannengezweig gehängt, und kleine wächserne Christengel schwenkten ihre Fahne, während über das blitzende weiße Tischtuch hin Stechpalmenzweige lagen mit roten Beeren daran.

Und nun forderte die Prinzessin die Geladenen durch eine gnädige Handbewegung auf, ihre Plätze zu nehmen. Minutenlang verblieben alle schweigend oder kamen über ein Flüstern nicht hinaus; als aber das erste Glas Cyper[117] geleert war, war auch die fröhliche Laune wieder da, die diesen kleinen Kreis auszeichnete."

119

Bei dem anschließenden Gespräch zwischen der Prinzessin und den Höflingen, wozu Ebba von Rosenberg und Graf Holk, sowie ein Kammerherr Pentz gehören, kommt man auf Maitressen, den preußischen, englischen und den französischen Hof zu sprechen. Hierbei wird der Mangel an Liebesabenteuern am Hofe Friedrichs des Großen durch Ebba von Rosenberg dargelegt:

„‚Und als allerletztes kommt Preußen, Preußen mit seinem großen Manko auf diesem Gebiet, mit dem es auch zusammenhängt, daß einige Schriftstellerinnen von Genie dem großen Friedrich ein halbes Dutzend Liebesabenteuer angedichtet haben, alles nur, weil sie ganz richtig fühlten, daß es ohne dergleichen eigentlich nicht geht.‘

Pentz nickte zustimmend, während Holk den Kopf hin und her wiegte.

‚Sie drücken Zweifel aus, Graf, vor allem vielleicht einen Zweifel an meiner Überzeugung. Aber es ist, wie ich sage. Großer Stil! Bah, ich weiß wohl, die Menschen sollen tugendhaft sein, aber sie sind es nicht, und da, wo man sich drein ergibt, sieht es im ganzen genommen besser aus als da, wo man die Moral bloß zur Schau stellt. Leichtes Leben verdirbt die Sitten, aber die Tugendkomödie verdirbt den ganzen Menschen.‘

Und als sie so sprach, fiel aus einem der die Tafel umstehenden Tannenbäumchen ein Wachsengel nieder, just da, wo Pentz saß. Der nahm ihn auf und sagte: ‚Ein gefallener Engel; es geschehen Zeichen und Wunder. Wer es wohl sein mag?‘

‚Ich nicht‘, lachte Ebba.

‚Nein‘, bestätigte Pentz, und der Ton, in dem es geschah, machte, daß Ebba sich verfärbte. Aber ehe sie den Übeltäter dafür abstrafen konnte, ward es hinter der Tannen- und Zypressenwand wie von trippelnden Füßen lebendig. Zugleich wurden Anordnungen laut, wenn auch nur mit leiser Stimme gegeben, und alsbald intonierten Kinderstimmen ein Lied, und ein paar von Schleppegrell zu dieser Weihnachtsvorfeier gedichtete Strophen klangen durch die Halle.

Noch ist Herbst nicht ganz entflohn,
Aber als Knecht Ruprecht schon
Kommt der Winter hergeschritten,
Und alsbald aus Schnees Mitten
Klingt des Schlittenglöckleins Ton.

Und was jüngst noch, fern und nah,
Bunt auf uns herniedersah,
Weiß sind Türme, Dächer, Zweige,
Und das Jahr geht auf die Neige,
Und das schönste Fest ist da.

Tag du der Geburt des Herrn,
Heute bist du uns noch fern,
Aber Tannen, Engel, Fahnen
Lassen uns den Tag schon ahnen,
Und wir sehen schon den Stern.‘

Früher Watte-Christbaumschmuck. Früchte bemalt, Kopf des Skiläufers aus Porzellan. Ende 19. Jhd.

Weihnachten auf Holkenäs

(aus: „Unwiederbringlich")

„Den dreiundzwanzigsten kam die Küste von Angeln in Sicht, und als zehn Uhr heran war, sah man, von Deck aus, Schloß Holkenäs auf seiner Düne. Die Linien waren verschwommen, denn ein leiser Nebel zog, und einen Augenblick begann es sogar zu schneien. Aber der Flockentanz hörte bald wieder auf, und auch der Nebel war so gut wie verschwunden, als die Schiffsglocke zu läuten anhob und der stattliche Dampfer anlegte. Holk überschritt die kleine Geländerbrücke, die man vom Deck her nach dem Wassersteg hinübergeschoben hatte, dann schaffte der Stewart sein Gepäck nach, und ehe fünf Minuten um waren, dampfte der ‚Holger Danske' weiter auf Glücksburg zu. Holk sah dem Schiffe eine Weile nach, dann warf er seinen Mantel, der ihn, beim Ersteigen der Terrasse nur behindert haben würde, zwischen die beiden Koffer und schickte sich an, den Steg entlangzugehen. Dann und wann blieb er stehen und sah nach Holkenäs hinauf. Es lag jetzt, wo der Nebel sich momentan verzogen hatte, klar vor ihm, aber öd und einsam, und der dünne Rauch, der aufstieg, wirkte, wie wenn nur noch ein halbes Leben da oben zu finden sei. Die ziemlich zahlreichen Sträucher in Front der Vorhalle waren, ein paar kleine Zypressen abgerechnet, alle kahl und entblättert, und die Vorhalle selbst zeigte sich mit Brettern verkleidet und mit Matten verhängt, um die hinter gelegenen Räume nach Möglichkeit gegen den Nordost zu schützen. Alles still und schwermütig, aber ein Friede, wie der Nachglanz eines früheren Glücks, war doch darüber ausgebreitet, und diesen kam er jetzt zu stören. Eine Furcht befiel ihn plötzlich vor dem, was er vorhatte; Zweifel kamen, und sein Gewissen, so gut er's einzulullen wußte, wollte nicht ganz schweigen. Aber so oder so, jedenfalls war es zu spät, und er konnte nicht mehr zurück. Es mußte sein. Wie würde Ebba ihn ausgelacht und ihm den Rücken gekehrt haben, wenn er bei seinem Wiedereintreffen in Kopenhagen ihr gesagt hätte: ‚Ich wollt' es tun, aber ich konnt' es nicht.' Und so nahm er denn seinen Weg wieder auf und stieg endlich langsam die Terrasse hinauf. Als er oben war, rief er einen alten, zufällig des Weges kommenden Diener an, der in einem Nebenhause seit Jahr und Tag schon das Gnadenbrot aß, und fragte ihn, ‚ob die Gräfin im Schloß sei?' – ‚Gewiß, Herr Graf', sagte der Alte fast erschrocken, ‚in ihrem Schlafzimmer oben. Ich will voraus und der Frau Gräfin melden, daß der Herr Graf angekommen sind.' – ‚Nein laß,' sagte Holk, ‚ich will selber gehen.' Und nun ging er, sich zunächst seitwärts haltend, auf die Rückfront des Schlosses zu, die den Blick landeinwärts auf die bergabsteigenden Park- und Gartenanlagen hatte.

Hier angekommen, nahm sich alles wärmer und wohnlicher aus, und Holk, als er einen Augenblick Umschau gehalten hatte, stieg die drei Marmorstufen hinauf, die, zwischen zwei Säulen hindurch, auf die Tür des Gartensalons zuführten. Und nun trat er in den Salon selbst ein, in dem sich alles, trotzdem die

Gustav Schönleber, Ekensund an der Flensburger Föhrde, 1881.

Kinder nicht da waren, in weihnachtlicher Vorbereitung zu befinden schien. Auf dem Ecktisch mit der türkischen Decke, daran vordem Christine mit der Dobschütz und Asta zu sitzen und Handarbeiten zu machen pflegte, stand eine figurenreiche, schon durch Jahre hin gebrauchte, aber immer noch sehr wohl erhaltene Weihnachtskrippe, während in der Ecke schräg gegenüber ein Christbaum aufragte, noch ganz schmucklos, aber sehr hoch, so daß seine Spitze fast bis an die Decke reichte. Nach allem mußte hier irgendwer eben noch tätig gewesen sein, nur daß sich niemand zeigte. War man vor ihm geflohen? Aber eh' er sich selbst darauf antworten konnte, sah er, daß er sich geirrt hatte, wenigstens in dem, was das Fliehen vor ihm anging; denn aus der dunklen Hintergrundsecke, die der vorgestellte Christbaum bildete, trat jetzt eine schwarz gekleidete Dame hervor. Es war die Dobschütz, eine Schale mit vergoldeten und versilberten Nüssen in der Hand, mit denen sie den Baum zu schmücken eben begonnen haben mochte. Sie fuhr zusammen, als sie den Grafen erkannte. ‚Was ist geschehen? Soll ich Christine rufen?'

‚Nein, liebe Dobschütz', sagte Holk. ‚Lassen wir Christine noch eine Weile. Was sie hören muß, hört sie früh genug. Ich bin früher hier als erwartet und hätte gern einen andern Tag gewählt als diesen. Aber ich bleibe nicht lange.'

Die Dobschütz wußte, wie's stand und welche sich immer steigernden Ernüchterungen und Kränkungen diese letzten Wochen gebracht hatten; aber

123

Beyschlag, Unter dem Weihnachtsbaum.

das, was sie da eben von Holk selbst hörte, war doch noch mehr, ging darüber hinaus. Was sollten diese Worte, die nichts und alles bedeuteten? Und dabei stand er vor ihr mit einem halb trotzigen und doch zugleich verlegenen Gesichtsausdruck, wie wenn er als Ankläger andrer und zugleich seiner selbst käme.

,Ich will doch lieber gehen und Christine sagen, daß Sie da sind.'

Er nickte, als ob er andeuten wollte: nun gut; auch das; es ist gleichgültig, jetzt oder nach einer Viertelstunde.

Dabei schritt er auf die Krippe zu, nahm etliche von den Figuren in die Hand und sah sich um, ob die Dobschütz mittlerweile das Zimmer verlassen habe oder nicht.

Ja, sie war fort. Und nun erst ließ er seine Augen umhergleiten, Großes und Kleines halb gleichgültig musternd, und sah bei der Gelegenheit auch auf die Parkgänge hinaus, darin ein paar Hühner spazieren gingen, weil niemand da war, der's ihnen wehrte. Dann erst trat er wieder zurück und an den offen stehenden Flügel, denselben, daran Elisabeth Petersen und Asta so oft gesessen und vierhändig gespielt oder auch ihre Lieder gesungen hatten, eins am letzten oder vorletzten Tage vor seiner Abreise. Und mit einem Male war es ihm als hör' er's noch, aber aus weiter, weiter Ferne.

So stand er und träumte vor sich in, in halbem Vergessen dessen, um was er eigentlich hierher gekommen, als er zu bemerken glaubte, daß die Tür ging. Und nun wandte er sich und sah, daß Christine eingetreten war. Sie blieb stehen und hatte die Hand der Dobschütz genommen, wie um sich zu halten.

Holk ging auf sie zu. ,Guten Tag, Christine. Du siehst mich früher wieder, als ich erwartete.'

,Ja', sagte sie, ,früher.' Und sie gab ihm die Hand und wartete, was er tun würde. <...>

Der alte Diener, der mittlerweile das Gepäck von der Landungsstelle heraufgeschafft hatte, trat jetzt ein und fragte den Grafen, ob er ein Frühstück befehle. ,Nein, Dooren, jetzt nicht; ich werde klingeln.' Und als er wieder allein war, überkam ihn die Frage, was er nun eigentlich solle. ,Soll ich hier bleiben und einen Wachsstock zerschneiden und den Christbaum da, bei dessen Ausputz ich die gute Dobschütz gestört habe, mit einem Dutzend Freudenlichter besetzen und dann morgen abend die Lichter anzünden und mir mein Glück bescheren? Es geht nicht. Und ich kann auch nicht hierbleiben, bloß um hier oben und im Dorf unten den leutseligen und schenkefrohen Gutsherrn zu spielen und dabei den Mägden einen Speziestaler in den Apfel zu stecken und den Michel nach seiner Annemarie oder die Annemarie nach ihrem Michel zu fragen und ob die Hochzeit zu Ostern oder zu Pfingsten sein werde. <...> Nein, ich will lieber nach Flensburg hinüber, vielleicht geht heute noch ein Kopenhagener Schiff. Und wenn auch nicht, h i e r kann ich nicht bleiben; ich muß fort.'

Und er zog die Klingel. ,Sage, daß Johann anspannt. Den kleinen Wagen und die Ponies. Ich will nach Flensburg.' "

Graf Holks Weihnachten in Flensburg

(aus: „Unwiederbringlich")

„Es schlug drei, als Holk in Flensburg einfuhr, und bald danach hielt er vor dem Hillmannschen Gasthause, darin er, bei seinen häufigen Anwesenheiten in der Stadt, regelmäßig Wohnung zu nehmen pflegte. Der Wirt war einigermaßen überrascht, ihn zu sehen, bis er erfuhr, daß der Graf, dessen Stellung am Hofe der Prinzessin er kannte, nur auf kurzen Urlaub in Holkenäs gewesen sei.

,Wann geht das nächste Kopenhagener Schiff, lieber Hillmann?'

Hillmann holte die Tabelle herbei, darauf Abfahrt und Ankunft der Dampfer genau verzeichnet waren, und glitt mit dem Finger über die Rubriken hin: ,Richtig, Iversens Schiff ist an der Reihe und müßte morgen fahren. Aber der vierundzwanzigste fällt aus; das ist altes Herkommen, und Iversen, der bei seiner Tochter wohnt und schon Enkel hat, wird an dem Herkommen nichts ändern; er steht am Christabend auch lieber unterm Weihnachtsbaum als auf Deck. Ist aber sonst ein guter Kapitän, noch einer von den alten, die von der Pike an gedient haben. Er fährt also den fünfundzwanzigsten, ersten Feiertag, sieben Uhr abends.'

,Und kommt an?'

,Und kommt an in Kopenhagen zweiten Feiertag früh. Das heißt um neun, oder vielleicht auch eine Stunde später.'

Holk zeigte sich wenig erbaut von dem allen, und nur, wenn er an Holkenäs zurückdachte, war er doch herzlich froh, die lange Zeit von mehr als zwei Tagen in Flensburg verbringen zu können. Er bezog ein Zimmer im zweiten Stock, das auf den Rathausplatz hinaussah, und nachdem er mit leidlichem Appetit – denn er hatte seit dem Abend vorher so gut wie nichts genossen – ein verspätetes Mittagessen eingenommen, verließ er das Gasthaus, um an der Flensburger Bucht hin einen langen Spaziergang zu machen. Erst herrschte Dämmerung; aber nicht lange, so zogen im winterlichen Glanze die Sterne herauf und spiegelten sich auf der weiten Wasserfläche. Holk fühlte, wie der auf ihm lastende Druck von Minute zu Minute geringer ward, und wenn er sich auch nach wie vor keineswegs in einem Zustand von Seelenruhe befand, so galt das, was ihm von Unruhe verblieb, doch mehr der Zukunft als der Vergangenheit und hatte vorwiegend den Charakter einer erwartungsvollen Erregung. <...>

Erst zu später Stunde war er wieder in seinem Gasthaus, und unter Lesen und gelegentlichem Geplauder mit Hillmann verging ihm der andere Tag. Als aber der Abend hereinbrach, trieb es ihn doch hinaus, durch die Straßen und Gassen der Stadt, und überall wo die Fensterläden noch offen oder nicht dicht geschlossen waren, tat er einen Blick hinein, und vor mehr als einem Hause, wenn er das Glück da drinnen und das Kind auf dem Arm der Mutter sah, und wie der Vater seiner Frau die Hand entgegenstreckte, wandelte ihn doch plötz-

Herbert König, Weihnachts-Abende.

lich eine Furcht vor dem Kommenden an, und auf Augenblicke stand nur all das vor ihm, was er verloren hatte, nicht das, was er gewinnen wollte.

Welch Heiligabend! Aber er verging, und nun war erster Feiertag, und so langsam sich seine Stunden auch hinschleppten, endlich war doch sieben Uhr heran und die Schiffsglocke läutete."

Weihnachtliches aus den letzten Lebensjahren

Der 1896 erschienene Roman „Die Poggenpuhls" läßt sich aufgrund der Zeitereignisse genau auf 1888 datieren.

Eine verarmte adelige Familie, bestehend aus einer Witwe, drei Töchtern und zwei Söhnen, nebst der alten Haushaltshilfe Friederike, hat das Weihnachtsfest unterschiedlich verbracht. Die Söhne sind beide Offiziere, wobei der jüngere Leo seiner Mutter von dem gerade erlebten Weihnachtsfest berichtet:

Landbriefträger zur Weihnachtszeit.

128

Ein nachweihnachtlicher Brief aus dem Jahre 1888

(aus: „Die Poggenpuhls")

„,Der Briefträger', riefen alle drei Schwestern, und gleich danach erschien auch Friederike wieder im Zimmer und brachte die Postsachen. <...> ,Von Leo!' riefen die Schwestern und reichten den Brief der Mutter. Diese gab ihn aber an Therese zurück und sagte: ,Lies du, Therese. Ein so guter Junge. Aber ich kriege immer einen Schreck. Immer will er was. Und nun ist eben erst Weihnachten gewesen und Neujahr und die Miete...' <...> ,Ach, ihr! ... Aber nun lies, Therese. Mir schlägt ordentlich das Herz.'

,... Liebe Mama! Weihnachten war es nichts. Urlaub hätte mir das Regiment vielleicht gegeben, aber das Reisegeld! Sie reden immer so viel jetzt von billigen Fahrpreisen, aber ich finde sie viel zu hoch, ganz unnatürlich hoch. Und da Wendelin auch sagte, ,'s geht nich, Leo', so ging es nicht, und ich habe unten bei Schlächtermeister Funke, meinem Wirte, wie ihr wißt, die Weihnachtsbescherung mit angesehen. Alles war sehr gerührt, auch Funke. Man sollte es nicht für möglich halten. Denn gerade in der Weihnachtszeit wurde immer geschlachtet, und ich konnte das Gequietsche der armen Biester mitunter gar nicht mehr mit anhören, und Funke immer in Person dabei. Und nun doch gerührt. Übrigens war die frische Wurst und besonders der Preßkopf ganz vorzüglich. In bezug auf Verpflegung bleibt hier in Thorn überhaupt nichts zu wünschen übrig, nur der Geist darbt, und das Herz darbt.'"

Zum Weihnachtsfest 1888 heißt es in Fontanes Tagebuch – und man spürt die Müdigkeit des alternden Dichters, Müdigkeit und Resignation:

„Im übrigen verläuft das Leben im alten Geleise; wenig Gesellschaftlichkeit und auch wenig gelesen, weil das Interesse daran immer mehr einschläft. Politische Fragen drängen sich in den Vordergrund. <...> Weihnachten und Silvester still wie gewöhnlich."

Den Zeitabschnitt 1889–1891 hat K. E. O. Fritsch hinsichtlich der überaus fruchtbaren literarischen Produktion Theodor Fontanes wie folgt zusammengefaßt:

„Das literarische Schaffen Fontanes während der Jahre 1889 bis 1891 umfaßt auf dem Gebiete des Romanes die Vollendung der Erzählung ,Quitt', der Novelle ,Stine' (zunächst erschienen in der Zeitschrift ,Deutschland') sowie der Romane ,Unwiederbringlich' und ,Frau Jenny Treibel', welche letzteren in der ,Deutschen Rundschau' zum ersten Abdruck gelangten. In den letzten Momenten des Jahres 1891 wurden auch schon die Romane ,Die Poggenpuhls'

und ‚Effi Briest' begonnen. Die ‚Wanderungen durch die Mark Brandenburg',
zu denen das im Jahre 1889 ausgegebene Buch ‚Fünf Schlösser' eine Ergän-
zung bildet, wurden wiederum um mehrere wichtige Kapitel erweitert und
die (leider niemals zum Abschluß gelangten) Studien zur Geschichte des Ge-
schlechtes v. Bredow eifrig fortgesetzt. Auch die Veranstaltung von zwei neu-
en Auflagen seiner ‚Gedichte' (1889 und 1891), in die Fontane eine größere
Anzahl neuer Arbeiten, namentlich nordischer Balladen aufnahm, beschäf-
tigten ihn eingehend: Dagegen stellte er im Jahre 1889 seine Tätigkeit als
Theater-Referent der ‚Vossischen Zeitung' ein. – Erfreuliche Ereignisse für
den Dichter waren die unter allgemeiner Teilnahme begangene Feier seines
70. Geburtstages (30. Dezember 1889) und die Verleihung des Schillerpreises
an ihn (1891)."

Doch das Alter macht sich bei Fontane immer mehr bemerkbar und resig-
nativ schreibt er an den Zeichner und Publizisten Ludwig Pietsch[118]:

„Berlin 24. Dezb. 89
Potsd. Str. 134. c.

Theuerster Pietsch.
Haben Sie morgen einen schönen Tag und einen frohen, festglänzenden
Abend und die 364 andern springen dann nach. Gut Beispiel hilft. Ihre Kraft
und Elastizität giebt Ihnen die Gewähr dafür. Bei mir liegt es leider minder gut,
ich bin matt und müde bis zum Zusammenklappen und erschrecke wenn ich
der mir bevorstehenden Feste gedenke. Sagen Sie das aber niemand, es macht
einen so häßlichen Eindruck."

Dennoch erhält Ehefrau Emilie den obligaten simplen Weih-
nachtsreim:

An Emilie
Zum 24. Dezember 1890

„Ruhig sein, nicht ärgern, nicht
                    kränken,
Ist das allerbeste Schenken;
Aber mit diesen Pfefferkuchen
Will ich es noch mal versuchen."

Und wieder wird Weihnachten und das Jahresende sehr ruhig verbracht. Fontane notiert im Tagebuch:

„Am 23. November habe ich einen Unfall und ziehe mir eine Kopfwunde zu (Sturz vor Blüchers Palais), die mich die Festwoche in Binden und Bandagen verbringen läßt. Weihnacht und Silvester vergehen ruhig: wir schlafen ins neue Jahr hinein."

In die Zeit von August und September 1891 fällt die Niederschrift von Fontanes erstem Entwurf der „Mathilde Möhring". Durch Krankheit und die Beendigung anderer Arbeiten wird die Novelle immer wieder zurückgestellt. Dadurch ist es nie zu einer für den Dichter so wichtigen allerletzten Durchsicht gekommen. Das Werk fand sich unvollendet in seinem Nachlaß und wurde 1906, mit Ergänzungen, erstmalig veröffentlicht.

Mathilde Möhring, eine junge Frau aus muffiger, kleinbürgerlicher Enge, lebt zusammen mit ihrer Mutter in einer bescheidenen Wohnung, von deren Räumen noch ein Zimmer untervermietet werden muß. Der neue „möblierte Herr" ist gutaussehend, aber von schwachem Willen. Er studiert mehr oder minder erfolglos Jura. Mit Zähigkeit und Energie schafft es Mathilde, ihn zum Staatsexamen zu bringen und ihm zu einer Bürgermeisterstelle in einer westpreußischen Kleinstadt zu verhelfen. Hier dirigiert sie mit Kühle und Verstand seine beruflichen Aufgaben und wird ihm dienstlich unentbehrlich. Da stirbt er unverhofft an einer verschleppten Lungenentzündung. Mathilde läßt sich jetzt mit ungebrochener Energie zur Lehrerin ausbilden und füllt den Beruf voll aus.

Wie auch in einigen anderen seiner Werke, ist für Fontane der Heilige Abend der passende Hintergrund für ein bedeutsames Ereignis. Hier ist es die traditionelle „Verlobung unterm Tannenbaum":

Verlobung unterm Christbaum

(aus: „Mathilde Möhring")

„Das geplante Bettgespräch hatte stattgefunden und war unter Vermeidung aller Umschweife mit dem Satz begonnen worden:
    ‚Mutter, weißt du was?'
    ‚Was denn, Thilde?'
    ‚Ich habe mich mit ihm verlobt.' <...>
    ‚Ja, das is möglich. Na, denn werd ich bloß sagen: ‚Gott sei mit dir!'
    ‚Das is genug, aber du darfst ihn nicht gleich ‚du' nennen. ‚Du' kommt erst, wenn es drin gestanden hat und wir richtig Verlobung gefeiert haben. Ich denke so Heiligabend. Unterm Christbaum, das hab ich mir immer gewünscht. Das hat dann so seinen Schick und is auch so 'n bißchen wie kirchliche Handlung. Und is schon so 'n Vorgeschmack, das heißt, ich meine von der Trauung, denn bei dir muß man sich vorsichtig ausdrücken, du denkst gleich ...'

<...> Der Vierundzwanzigste kam und ging. Die Verlobung war proklamiert worden, und die sechs Menschen, aus denen die ganze Gesellschaft bestand, waren ausnahmslos sehr vergnügt gewesen. <...>
Thilde war am selben Morgen in einer gehobenen Stimmung. Sie war nun Braut, und das andere mußte sich von selber geben. Solange sie bloß Fräulein

Thilde war und den Tee zu bringen und eine Bestellung auszurichten hatte, lag die Sache noch schwierig genug, jetzt aber hatte sie das Recht zu sprechen und zu handeln. <...>

Ihrem natürlichen Gefühl nach hätte sie den ersten Feiertag nicht vorübergehen lassen sollen, ohne mit ihrem Verlobten über die Zukunft zu sprechen und gleich ein bestimmtes Programm aufzustellen, aber in ihrer Klugheit empfand sie, daß etwas Nüchternes und Prosaisches darin liegen würde, den Tag nach der Verlobung, der noch dazu der erste Weihnachtsfeiertag war, mit der Behandlung solcher Fragen zu profanieren, und so bezwang sie sich und nahm sich vor, ihm eine Woche Weihnachtsferien zu bewilligen und ihn zu kleinen Vergnügungen anzuregen. Er sollte sehen, wie gut er's auch im behaglichen getroffen habe und daß Thilde durchaus verstand, sich seinen Wünschen anzupassen. Am Ende dieser Ferienwoche wollte sie dann mit der Prosa herausrücken unter Hinweis, daß ohne Durchführung ihres Programmes von Glück und Zufriedenheit und überhaupt von einem Zustandekommen ihrer Ehe keine Rede sein könnte."

Das Tagebuch für 1891 hat Fontane nachträglich zusammengestellt, denn er erklärt am Ende der Eintragung für dieses Jahr:

„Erst nach beinahe zwei Jahren komme ich dazu, das Tagebuch hier fortzusetzen. Inzwischen habe ich alles vergessen und kann nichts erzählen."

Ehefrau Emilie erhält allerdings ihre literarische Weihnachtsgratifikation:

An Emilie
Zum 24. Dezember 1891

„Noch einmal ein Weihnachtsfest,
Immer kleiner wird der Rest,
Aber nehm ich so die Summe,
alles Grade, alles Krumme,
Alles Falsche, alles Rechte,
Alles Gute, alles Schlechte –
Rechnet sich aus all dem Braus
Doch ein richtig Leben raus,
Und dies können ist das Beste
Wohl bei diesem Weihnachtsfeste."

Obwohl im Jahre 1892 „Frau Jenny Treibel" als Buch erscheint und in Paris „Kriegsgefangen" in einer französischen Übersetzung herauskommt, können diese Erfolge Fontane nicht erfreuen. Er fühlt sich krank, kann nicht schlafen, klagt über Schwindelgefühle im Kopf, doch dann beginnt er im November mit der Aufzeichnung seiner Kindheitserinnerungen und erklärt in seinem Tagebuch:

„<...> aber allmählich begann ich mich zu erholen und war Anfang November so weit wiederhergestellt, daß ich mit dem Niederschreiben einer ‚Biographie‘ von mir, oder doch eines Bruchstückes, beginnen konnte. Ich wählte ‚meine Kinderjahre‘ (bis 1832) und darf sagen, mich an diesem Buch wieder gesund geschrieben zu haben. Ob es den Leuten gefallen wird, muß ich abwarten, mir selbst habe ich damit einen großen Dienst getan. Die Tage bis zum neuen Jahr verliefen ziemlich ruhig, nur gelegentlich durch Gesellschaften bei alten Freunden unterbrochen."

Schwiegersohn Fritsch berichtet über die Jahre von 1892 bis 1894:

„Eine schwere Krankheit, die Fontane im Frühjahr 1892 befallen hatte und die ihn länger als vier Monate in seiner Sommerfrische fest hielt, hatte ihn gezwungen, sämtliche von ihm in Angriff genommenen Arbeiten zurückzulegen. Statt ihrer begann er bei seiner Rückkehr nach Berlin ein neues Werk, die Aufzeichnung seiner Kindheitserinnerungen, das im folgenden Jahre vollendet wurde und unter dem Titel ‚Meine Kinderjahre‘ erschien. In den Jahren 1893 und 1894 gelangten sodann ‚Effi Briest‘ und ‚Die Poggenpuhls‘ (zunächst abgedruckt in der ‚Deutschen Rundschau‘ und ‚Vom Fels zum Meer‘) zum Abschluß. Kurz vor Vollendung seines 75. Lebensjahres wurde Fontane die Freude zuteil, von der philosophischen Fakultät der Berliner Universität zum Ehrendoktor ernannt zu werden."

Wenige Jahre vor seinem Tode stellt sich dann bei Fontane nun endlich der richtige Erfolg ein. Im Herbst 1895 erscheint „Effi Briest" in Buchform, nach dem wahren Schicksal der Elisabeth von Ardenne, geb. Freiin von Plotow (1855–1952). Das Buch ereicht innerhalb eines Jahres fünf Auflagen. Fontane schreibt in sein Tagebuch 1895:
„<...> der erste wirkliche Erfolg, den ich mit einem Roman habe."

Weihnachten im Hause Innstetten

(aus: „Effi Briest")

„Die musikalische Soiree bei Gieshübler hatte Mitte Dezember stattgefunden, gleich danach begannen die Vorbereitungen für Weihnachten, und Effi, die sonst schwer über diese Tage hingekommen wäre, segnete es, daß sie selber einen Hausstand hatte, dessen Ansprüche befriedigt werden mußten. Es galt nachsinnen, fragen, anschaffen und das alles ließ trübe Gedanken nicht aufkommen. Am Tage vor Heiligabend trafen Geschenke von den Eltern aus Hohen-Cremmen ein, und mit in die Kiste waren allerhand Kleinigkeiten aus dem Kantorhause gepackt: wunderschöne Reinetten von einem Baum, den Effi und Jahnke vor mehreren Jahren gemeinschaftlich okuliert hatten, und dazu braune Puls- und Kniewärmer von Bertha und Hertha. Hulda schrieb nur wenige Zeilen, weil sie, wie sie sich entschuldigte, für X. noch eine Reisedecke zu stricken habe. ‚Was einfach nicht wahr ist', sagte Effi. ‚Ich wette, X. existiert gar nicht. Daß sie nicht davon lassen kann, sich mit Anbetern zu umgeben, die nicht da sind!'

Und so kam Heiligabend heran.

Innstetten selbst baute auf für seine junge Frau, der Baum brannte, und ein kleiner Engel schwebte oben in Lüften. Auch eine Krippe war da mit hübschen Transparenten und Inschriften, deren eine sich, in leiser Andeutung, auf ein dem Innstettenschen Hause für nächstes Jahr bevorstehendes Ereignis bezog. Effi las es und errötete. Dann ging sie auf Innstetten zu, um ihm zu danken, aber eh' sie dies konnte, flog, nach altpommerschem Weihnachtsbrauch, ein Julklapp in den Hausflur: eine große Kiste, darin eine Welt von Dingen steckte. Zuletzt fand man die Hauptsache, ein zierliches, mit allerlei japanischen Bildchen überklebtes Morsellenkästchen, dessen eigentlichem Inhalt auch noch ein Zettelchen beigegeben war. Es hieß da:

> Drei Könige kamen zum Heiligenchrist,
> Mohrenkönig einer gewesen ist; -
> Ein Mohrenapothekerlein
> Erscheinet heute mit Spezerein,
> Doch statt Weihrauch und Myrrhen, die nicht zur Stelle,
> Bringt er Pistazien – und Mandel – Morselle.[119]

Effi las es zwei-, dreimal und freute sich darüber. ‚Die Huldigungen eines guten Menschen haben doch etwas besonders Wohltuendes. Meinst du nicht auch, Geert?'

‚Gewiß meine ich das. Es ist eigentlich das einzige, was einem Freude macht oder wenigstens Freude machen sollte. Denn jeder steckt noch so nebenher in allerhand dummem Zeuge drin. Ich auch. Aber freilich, man ist wie man ist.'

Der erste Feiertag war Kirchtag, am zweiten war man bei Borckes draußen, alles zugegen, mit Ausnahme von Grasenabbs, die nicht kommen wollten,

Ehre seit Gott in der Höhe und Friede auf Erden.

‚weil Sidonie nicht da sei‘, was man als Entschuldigung allseitig ziemlich sonbar fand. Einige tuschelten sogar: ‚Umgekehrt; gerade deshalb hätten sie kommen sollen.‘

Am Silvester war Ressourceball, auf dem Effi nicht fehlen durfte und auch nicht wollte, denn der Ball gab ihr Gelegenheit, endlich einmal die ganze Stadtflora beisammen zu sehen. Johanna hatte mit den Vorbereitungen zum Ballstaate für ihre Gnädige vollauf zu tun. Gieshübler, der wie alles, so auch ein Treibhaus hatte, schickte Kamelien, und Innstetten, so knapp bemessen die Zeit für ihn war, fuhr am Nachmittage noch über Land nach Papenhagen, wo drei Scheunen abgebrannt waren.

Es war ganz still im Hause. Christel, beschäftigungslos, hatte sich schläfrig eine Fußbank an den Herd gerückt, und Effi zog sich in ihr Schlafzimmer zurück, wo sie sich, zwischen Spiegel und Sofa, an einen kleinen, eigens zu diesem Zweck zurecht gemachten Schreibtisch setzte, um von hier aus an die Mama zu schreiben, der sie für Weihnachtsbrief und Weihnachtsgeschenke bis dahin bloß in einer Karte gedankt, sonst aber seit Wochen keine Nachricht gegeben hatte.

‚Kessin, 31. Dezember. Meine liebe Mama! Das wird nun wohl ein langer Schreibebrief werden, denn ich habe – die Karte rechnet nicht – lange nichts von mir hören lassen. Als ich das letztemal schrieb, steckte ich noch in den Weihnachtsvorbereitungen, jetzt liegen die Weihnachtstage schon zurück. Innstetten und mein guter Freund Gieshübler hatten alles aufgeboten, mir den heiligen Abend so angenehm wie möglich zu machen, aber ich fühlte mich doch ein wenig einsam und bangte mich nach Euch. ‘“

Weihnachten, ein Jahr später

(aus: „Effi Briest“)

„<…> Der heilige Abend kam und verging ähnlich wie das Jahr vorher; aus Hohen-Cremmen kamen Geschenke und Briefe; Gieshübler war wieder mit einem Huldigungsvers zur Stelle, und Vetter Briest sandte eine Karte: Schneelandschaft mit Telegraphenstangen, auf deren Draht geduckt ein Vögelchen saß. Auch für Anni war aufgebaut: ein Baum mit Lichtern, und das Kind griff mit seinen Händchen danach. Innstetten, unbefangen und heiter, schien sich seines häuslichen Glücks zu freuen und beschäftigte sich viel mit dem Kinde. Roswitha war erstaunt, den gnädigen Herrn so zärtlich und zugleich so aufgeräumt zu sehen. Auch Effi sprach viel und lachte viel, es kam ihr aber nicht aus innerster Seele. Sie fühlte sich bedrückt und wußte nur nicht, wen sie dafür verantwortlich machen sollte. Innstetten oder sich selber. Von Crampas war kein Weihnachtsgruß eingetroffen, eigentlich war es ihr lieb, aber auch wieder nicht, seine Huldigungen erfüllten sie mit einem gewissen Bangen, und seine Gleichgültigkeiten verstimmten sie; sie sah ein, es war nicht alles, so wie’s sein sollte.“

Eine weihnachtliche Schlittenpartie

(aus: „Effi Briest")

„Spät gegen abend kam Pastor Lindequist, um zu gratulieren und noch wegen der Partie nach der Oberförsterei Uvagla hin anzufragen, die natürlich eine Schlittenpartie werden müsse. Crampas habe ihm einen Platz in seinem Schlitten angeboten, aber weder der Major noch sein Bursche, der wie alles, auch das Kutschieren übernehmen solle, kenne den Weg, und so würde es sich vielleicht empfehlen, die Fahrt gemeinschaftlich zu machen, wobei dann der landrätliche Schlitten die Tête nehmen und der Crampassche zu folgen hätte. <...>

Nach diesem Übereinkommen wurde denn auch verfahren, und als Innstetten punkt zwei Uhr den Marktplatz passierte, grüßte Crampas zunächst von seinem Schlitten zu Effi herüber und schloß sich dann dem Innstettenschen an. Der Pastor saß neben ihm. Gieshüblers Schlitten, mit Gieshübler selbst und Doktor Hannemann, folgte, jener in einem eleganten Büffelrock mit Marderbesatz, dieser in einem Bärenpelz, dem man ansah, daß er wenigstens dreißig Dienstjahre zählte. <...>

Die Fahrt ging rasch – auch die herrschaftlichen Kutscher strengten sich an und wollten sich nicht überholen lassen –, so daß man schon um drei vor der Oberförsterei hielt. Ring, ein stattlicher, militärisch dreinschauender Herr von Mitte fünfzig, der den ersten Feldzug in Schleswig noch unter Wrangel und Bonin mitgemacht und sich bei der Erstürmung des Danewerks ausgezeichnet hatte, stand in der Tür und empfing seine Gäste, die, nachdem sie abgelegt und die Frau des Hauses begrüßt hatten, zunächst vor einem langgedeckten Kaffeetisch Platz nahmen, auf dem kunstvoll aufgeschichtete Kuchenpyramiden standen. <...>

Der Kaffee war bald genommen, und man stand auf, um noch einen halbstündigen Spaziergang in den umliegenden Wald zu machen, zunächst auf ein Gehege zu, drin Wild eingezäunt war. <...>

Als es dunkelte, waren alle wieder in der Oberförsterei zurück.

Gleich nach sieben ging man zu Tisch, und alles freute sich, daß der Weihnachtsbaum, eine mit zahllosen Silberkugeln bedeckte Tanne, noch einmal angesteckt wurde.

Crampas, der das Ringsche Haus noch nicht kannte, war helle Bewunderung. Der Damast, die Weinkühler, das reiche Silbergeschirr, alles wirkte herrschaftlich, weit über oberförstliche Durchschnittsverhältnisse hinaus, was darin seinen Grund hatte, daß Rings Frau, so scheu und verlegen sie war, aus einem reichen Danziger Kornhändlerhause stammte. <...>

Das Nettelbeck-Bild ließ ziemlich zu wünschen übrig; sonst aber verriet alles, wie schon angedeutet, eine beinahe an Glanz streifende Wohlhabenheit, und dem entsprach denn auch das Mahl, das aufgetragen wurde. Jeder hatte mehr oder weniger seine Freude daran, mit Ausnahme Sidoniens. <...>

‚Geist der Zeit!‘ sagte Sidonie. ‚Kommen Sie mir nicht damit. Das kann ich nicht hören <...> Denn Pflicht ist unbequem. Und so wird nur allzuleicht vergessen, daß das uns anvertraute Gut auch mal von uns zurückgefordert wird. Eingreifen, lieber Pastor. Zucht. Das Fleisch ist schwach, gewiß; aber ...‘

In diesem Augenblick kam ein englisches Roastbeef, von dem Sidonie ziemlich ausgiebig nahm, ohne Lindequists Lächeln dabei zu bemerken. <...>

Sidonie, jedesmal bereit, irgend was Schreckliches zu prophezeien, wenn sie, vom Geist überkommen, die Schalen ihres Zornes ausschüttete, würde sich auch heute bis zum Kassandra-blick in die Zukunft gesteigert haben, wenn nicht in diesem Augenblick die dampfende Punschbowle – womit die Weihnachtsreunions bei Ring immer abschlossen – auf der Tafel erschienen wäre, dazu Krausgebackenes, das, geschickt übereinandergetürmt, noch weit über die vor einigen Stunden aufgetragene Kaffee-kuchenpyramide hinauswuchs. Und nun trat auch Ring selbst, der sich bis dahin etwas zurückgehalten hatte, mit einer gewissen strahlenden Feierlichkeit in Aktion und begann die vor ihm stehenden Gläser, große geschliffene Römer, in virtuosem Bogensturz zu füllen, ein Einschenkekunststück, das die stets schlagfertige Frau von Padden, die heute leider fehlte, mal als ‚Ringsche Füllung en cascade‘ bezeichnet hatte. Rotgolden wölbte sich dabei der Strahl, und kein Tropfen durfte verlorengehen. So war es auch heute wieder.“

Vorabdruck des Romans „Stechlin".

Auch das Jahresende 1896, mit vorangegangenem Weihnachtsfest, verläuft ruhig. Fontane hat in diesem Jahr sein reifstes Werk, den „Stechlin", im ersten Entwurf beendet. Er wird den Roman im Jahre 1897 für den Vorabdruck in der Zeitschrift „Über Land und Meer" überarbeiten.

Zufrieden notiert er:

„Wichtiger war die Anbändelung mit ‚Über Land und Meer', – die Redaktion will von Oktober 97 an meinen neuesten Roman ‚Der Stechlin' bringen, unter beinah glänzenden Bedingungen. Honorar mehr als doppelt so hoch wie das der ‚Rundschau'. An diesem Stechlin-Roman arbeite ich schon von 1895 an durch das ganze Jahr 96 hin und beende ihn – freilich erst im ersten Entwurf – im Herbst 96. <...>

Anfang November erschienen die Poggenpuhls; <...> So kommt Silvester heran, und still traten wir in das neue Jahr ein."

Die letzten Lebensjahre von 1895 bis 1898 umreißt K. F. O. Fritsch:

„Auch die letzten Lebensjahre Fontanes haben reiche Früchte seines literarischen Schaffens gezeitigt. Eine in den letzten Monaten des Jahres 1894 begonnene Fortsetzung seiner Lebenserinnerungen, von der einzelne Abschnitte schon vorher in verschiedenen Zeitschriften veröffentlicht worden waren, erschien im Jahre 1898 als Buch unter dem Titel: ‚Von Zwanzig bis Dreißig‘. Ihm reihte als letztes Werk des Dichters der im Jahre 1895 begonnene Roman ‚Der Stechlin‘ sich an, der zunächst in der Zeitschrift ‚Über Land und Meer‘ zum Abdruck gelangt war. Aber auch zu einer Anzahl neuer Gedichte, die großenteils der ‚Pan‘ brachte, fand Fontane sich angeregt. Die von ihm beabsichtigte Wiederaufnahme einiger bereits aus früherer Zeit stammenden Arbeiten machte sein plötzlicher Tod (am 20. September 1898) unmöglich."

Das Jahr 1897, das über die Hälfte mit den Endarbeiten für den „Stechlin" angefüllt ist, geht ebenfalls still zu Ende. Fontane notiert:

„Weihnachten verging ruhig, auch Silvester; punschlos, einen einzigen Pfannkuchen in der Hand, traten wir ins neue Jahr."

Die Person des Dubslav von Stechlin, Major a. D., Gutsbesitzer, beinhaltet mit der Menschenkenntnis, Altersweisheit, aber auch Sachlichkeit bis hin zum Zynismus, Selbstkritik und Lebenserfahrung viel Fontanisches, besonders des alten, des reifen Fontane. Und so hat er sich damit letztlich selbst ein literarisches Denkmal gesetzt.

In dem Roman „heiraten zwei Junge und stirbt ein Alter", wie sich Fontane einmal ausdrückte.

Der alte Dubslav von Stechlin, seit vielen Jahren verwitwet und finanziell oft in bedrängten Verhältnissen, lebt auf seinem Gut am gleichnamigen See, zusammen mit seinem ebenfalls alten Diener Engelke. In der Nachbarschaft ist seine unverheiratete Stiefschwester Adelheid, Domina des protestantischen Damenstiftes Kloster Wutz. Ihr Liebling ist der einzige Sohn und Erbe des Stiefbruders, Woldemar von Stechlin, z. Z. Offizier in Berlin. Dieser verehrt zwei reiche, attraktive Schwestern, Melusine und Armgard Barby, Töchter eines Grafen in Berlin, wobei er sich dann endlich für die jüngere und naivere entscheidet und diese auch heiratet. Nach der Verlobung verlebt Woldemar den Heiligen Abend im Hause des alten Grafen Barby am Kronprinzenufer in Berlin. Am ersten Weihnachtstag will er jedoch mit seiner Braut und der Schwägerin zum Vater auf das Gut Stechlin reisen, das in der Mark Brandenburg liegt.

Weihnachten am Kronprinzenufer

(aus: „Der Stechlin")

„Den Weihnachtsabend verbrachte Woldemar am Kronprinzenufer. Auch Wrschowitz und Cujacius – von denen jener natürlich unverheiratet, dieser wegen beständiger Streiterei von seiner Frau geschieden war – waren zugegen. Cujacius hatte gebeten, ein Krippentransparent malen zu dürfen, was denn auch, als es erschien, auf einen Nebentisch gestellt und allseitig bewundert wurde. Die drei Könige waren Portraits: der alte Graf, Cujacius selbst und Wrschowitz (als Mohrenkönig); letzterer, trotz Wollhaar und aufgeworfener Lippe von frappanter Ähnlichkeit. Auch in der Maria suchte man nach Anlehnung und fand sie zuletzt, es war Lizzi, die, wie so viele Berliner Kammerjungfern, einen sittig verschämten Ausdruck hatte. Nach dem Tee wurde musiziert, und Wrschowitz spielte – weil er dem alten Grafen eine Aufmerksamkeit zu erweisen wünschte – die Polonaise von Oginski; bei deren erster, nunmehr um siebzig Jahre zurückliegenden Aufführung, einem alten on dit zufolge, der polnisch gräfliche Komponist im Schlußmoment sich erschossen haben sollte. Natürlich aus Liebe. ‚Brav, brav', sagte der alte Graf und war, während er sich beinah überschwenglich bedankte, so sehr aus dem Häuschen, daß Wrschowitz schließlich schelmisch bemerkte: ‚Den Piffpaffschluß muß ich mir versagen, Herr Graf, trotzdem meine Vererrung (Blick auf Armgard) serr groß ist, fast so groß wie die Vererrung des Grafen von Graff Oginski.'
    So verlief der Heiligabend."

Weihnachtsbesuch im Herrenhaus

(aus: „Der Stechlin")

„Schon voher war man übereingekommen, am zweiten Feiertage zu dritt einen Ausflug nach Stechlin zu machen, um dort die künftige Schwiegertochter dem Schwiegervater vorzustellen. Noch am Christabend selbst, trotzdem Mitternacht schon vorüber, schrieb denn auch Woldemar einige Zeilen nach Stechlin hin, in denen er sich samt Braut und Schwägerin für den zweiten Feiertagsabend anmeldete.

Rechtzeitig trafen Woldemars Zeilen in Stechlin ein. ‚Lieber Papa. Wir haben vor, am zweiten Feiertage mit dem Spätnachmittagszuge von hier aufzubrechen. Wir sind dann um sieben auf dem Granseer Bahnhof und um neun oder nicht viel später bei Dir. Armgard ist glücklich, Dich endlich kennenzulernen, d e n kennenzulernen, den sie seit lange verehrt. Dafür, mein lieber Papa, hab ich Sorge getragen. Graf Barby, der nicht gut bei Wege ist, was ihn hindert mitzukommen, will Dir angelegentlich empfohlen sein. Desgleichen Gräfin Ghiberti, die uns als Dame d'honneur begleiten wird. Armgard ist in Furcht und Aufregung wie vor einem Examen. Sehr ohne Not. Kenn ich doch meinen Papa, der die Güte und Liebe selbst ist. Wie immer Dein Woldemar.'

Engelke stand neben seines Herrn Stuhl, als dieser die Zeilen halblaut, aber doch in aller Deutlichkeit vorlas. ‚Nun, Engelke, was sagst du dazu?'

‚Ja, gnädiger Herr, was soll ich dazu sagen. Es ist ja doch, was man sone ›gute Nachricht‹ nennt.'

‚Natürlich is es ne gute Nachricht. Aber hast du noch nicht erlebt, daß einen gute Nachrichten auch genieren können?'

‚Jott, gnädger Herr, ich kriege keine.'

‚Na, denn sei froh; dann weißt du nicht, was ›gemischte Gefühle‹ sind. Sieh, ich habe jetzt gemischte Gefühle. Da kommt nun mein Woldemar. Das is gut. Und da bringt er seine Braut mit, das is wieder gut. Und da bringt er seine Schwägerin mit, und das is wahrscheinlich auch gut. Aber die Schwägerin ist eine Gräfin mit einem italienischen Namen, und die Braut heißt Armgard, was doch auch schon sonderbar ist. Und beide sind in England geboren, und ihre Mutter war aus der Schweiz, von einer Stelle her, von der man nicht recht weiß, wozu sie gehört, weil da alles schon durcheinander geht. Und überall haben sie Besitzungen, und Stechlin ist doch bloß ne Kate. Sieh, Engelke, das is genierlich und gibt das, was ich ›gemischte Gefühle‹ nenne.'

‚Nu ja, nu ja.'

‚Und dann müssen wir doch auch repräsentieren. Ich muß ihnen doch irgendeinen Menschen vorsetzen. Ja, wen soll ich ihnen vorsetzen? Viel is hier nich. Da hab ich Adelheiden. Natürlich, die muß ich einladen, und sie wird kommen, trotzdem Schnee gefallen ist; aber sie kann ja nen Schlitten nehmen. Vielleicht ist ihr Schlitten besser als ihr Wagen. Gott, wenn ich an das Verdeck denke mit der großen Lederflicke, da wird mir auch nicht besser. Und dabei denkt sie, ›sie is was‹, was am Ende auch wieder gut is, denn wenn der Mensch erst denkt, ›es is gar nichts mit ihm‹, dann is es auch nichts.‘

,Und dann, gnädger Herr, sie is ja doch ne Domina und hat nen Rang. Und ich hab auch mal gelesen, sie sei eigentlich mehr als ein Major.‘

,Na, jedenfalls ist sie mehr als ihr Bruder; so'n vergessener Major is ein Jammer. Aber Adelheid selbst, so auf'n ersten Anhieb, is auch bloß soso. Wir müssen jedenfalls noch wen dazu haben. Schlage was vor. Baron Beetz und der alte Zühlen, die die besten sind, die wohnen zu weit ab, und ich weiß nicht, seit wir die Eisenbahnen haben, laufen die Pferde schlechter. <...>

Und dann, Engelke, solche Damen, die überall rum in der Welt waren, da weiß man nie, wie der Hase läuft. Es ist möglich, daß sie sich für Krippenstapel interessieren. Oder höre, da fällt mir noch was ein. Was meinst du zu Koseleger?‘

,Den hatten wir ja noch nie.‘

,Nein, aber Not lehrt beten. Ich mache mir eigentlich nicht viel aus ihm, indessen is und bleibt er doch immer ein Superintendent, und das klingt nach was.‘ <...>

Koseleger dagegen, was ein Glück war, nahm an, und auch Schwester Adelheid antwortete durch den Boten, den Dubslav geschickt hatte: ,daß sie den zweiten Feiertag in Stechlin eintreffen und soweit wie dienlich und schicklich nach dem Rechten sehen würde.‘ Adelheid war in ihrer Art eine gute Wirtin und stammte noch aus der alten Zeit, wo die Damen bis zum ,Schlachten‘ und ,Aalabziehen‘ herunter alles lernten und alles konnten. Also nach dieser Seite hin entschlug sich Dubslav jeder Befürchtung. Aber wenn er sich dann mit einem Male vergegenwärtigte, daß es seiner Schwester vielleicht in den Sinn kommen könne, sich auf ihren Uradel oder auf die Vorzüge sechshundertjähriger märkischer ,Eingesessenheit‘ zu besinnen, so fiel alles, was er sich in dem mit Engelke geführten Gespräch an Trost zugesprochen hatte, doch wieder von ihm ab. <...>

Er wußte genau, wie sie kommen würde: schwarzes Seidenkleid, Rüsche mit kleinen Knöpfelchen oben und die Sieben-Kurfürsten-Brosche. Was ihn aber am meisten ängstigte, war der Moment nach Tisch, wo sie, wenn sie sich einigermaßen behaglich zu fühlen anfing, ihre Wutzer Gesamtchaussure auf das Kamingitter zu stellen und die Wärme von unten her einzusaugen pflegte.

Gleich nach sieben trafen Woldemar und die Barbyschen Damen auf dem Granseer Bahnhof ein und fanden Martin und den Stechlinschen Schlitten vor, letzterer insoweit ein Prachtstück, als er ein riesiges Bärenfell hatte, während andrerseits Geläut und Schneedecken und fast auch die Pferde mehr oder weniger zu wünschen übrigließen. Aber Melusine sah nichts davon und Armgard noch weniger. Es war eine reizende Fahrt; die Luft stand, und am stahlblauen Himmel oben blinkten die Sterne. So ging es zwischen den eingeschneiten Feldern hin, und wenn ihre Kappen und Hüte hier und dort die niederhängenden Zweige streiften, fielen die Flocken in ihren Schlitten. In den Dörfern war überall noch Leben, und das Anschlagen der Hunde, das vom nächsten Dorf her beantwortet wurde, klang übers Feld. Alle drei Schlitteninsassen waren glücklich, und ohne daß sie viel gesprochen hätten, bogen sie zuletzt, eine weite Kurve machend, in die Kastanienallee ein, die sie nun rasch, über Dorfplatz und Brücke fort, bis auf die Rampe von Schloß Stechlin führte. Dubslav und Engelke standen hier schon im Portal und waren den Damen beim Aussteigen behilflich. Beim Eintritt in den großen Flur war für diese das erste, was sie sahen, ein mächtiger, von der Decke herabhängender Mistelbusch, zugleich schlug die Treppenuhr, deren Hippenmann wie verwundert und beinah verdrießlich auf die fremden Gäste herniedersah. Viele Lichter brannten, aber es wirkte trotzdem alles wie dunkel. Woldemar war ein wenig befangen, Dubslav auch. Und nun wollte Armgard dem Alten die Hand küssen. Aber das gab diesem seinen Ton und seine gute Laune wieder. ‚Umgekehrt wird ein Schuh draus.' ‚Und zuletzt ein Pantoffel', lachte Melusine."

Moritz Klinkicht, Theodor Fontane

Rezeptteil

„... Viel erwart' ich nicht;
die Kochkunst blüht nicht
in diesen Gegenden ..."

Theodor Fontane an seine Ehefrau,
5. August 1880

Diese Zeilen schreibt Fontane aus Wernigerode im Harz. Daraus darf man mit einer gewissen Berechtigung schließen, daß ihm die heimische Küche in Berlin, der Mark Brandenburg und in dem Land seiner Kindheit – Hinterpommern – durchaus geschmeckt hat. Ob es dem Leser genauso geht – das mag jeder mit sich selbst ausmachen. Fontane hat uns auf jeden Fall eine reiche Palette von Speisen und Getränken in seinem literarischen Werk geschildert, wobei Vieles die Darstellung der gesellschaftlichen Zustände seiner Zeit unterstützt. Leider hat er von eigener Hand keine Speisezutaten vermerkt. So weit ist sein Interesse bedauerlicherweise nicht gegangen. Auch die besonderen Zubereitungen beschreibt er nur einmal, bei der umständlichen Herstellung eines Baumkuchens (S. 44, 45). Dieses Interesse am Kochen war für Männer zum einen auch nicht zeittypisch. Es galt in Preußen geradezu als unmännlich. Zum anderen hatte sowohl Fontanes Mutter in seiner Kindheit, wie auch später stets seine Ehefrau, gleichgültig, wie bescheiden die Fontanes ansonsten lebten, eine Haushalts- und Küchenhilfe. So hat sich Fontane nur auf das Genießen beschränkt, und uns bleibt nur das Studium von zeitgenössischen Rezepten.

Aus der großen Anzahl von Kochbüchern des vorigen Jahrhunderts mit regionalem Bezug läßt sich aber rekonstruieren, wie die flüssigen und festen Nahrungs- und Genußmittel zubereitet wurden, zumal die Rezepte aus der Fontane-Zeit bis hinein in die Mitte unseres Jahrhunderts keinem starken Wandel unterlegen waren. Soweit zeitgenössische Rezepte aus der Zeit von 1830–1858 fehlen, ist auf Zubereitungsanleitungen des 20. Jahrhunderts, auf eigene Küchenerfahrungen der Herausgeberin sowie auf die von anderen älteren Damen und Herren zurückgegriffen worden.

Bei dem Versuch, die Gerichte mit den heutigen Küchentechniken nachzukochen, wird sicherlich der früher leicht auftretende zartangebrannte Geschmack fehlen, aber wohl auch nicht vermißt werden. Beim Kochen und Braten zur damaligen Zeit, als zum Teil das Feuer noch auf und nicht in dem Herd brannte, passierte es nämlich allzuleicht, daß die Speisen ansetzten oder gar anbrannten.

Wer bei den Rezepten die raffinierten Gewürzmischungen vermißt, an die man sich heute gewöhnt hat, sollte berücksichtigen, daß Gemüse, Obst, Fleisch damals noch den ursprünglichen kräftigen Eigengeschmack hatten, im

Gegensatz zu heutigen, mit Nährflüssigkeiten rasch hochgezogenen Treibhausgewächsen oder Fleischprodukten aus Schnellmästereien. Auch war es von Vorteil, daß die Fleischstücke in eisernen Pfannen, Reinen und Grapen zubereitet wurden. Dadurch entstanden reichlich Bratensäfte und Bräunungsstoffe für die Sauce. Diese sind beim heutigen beschichteten Bratgeschirr, in den Mikrowellen- und Heißluftherden nicht mehr in dem Maße gegeben und machen die Zubereitung eines zusätzlichen Saucenfonds erforderlich.

So schmeckte es früher einfach von Natur aus! Und um die köstlichen Saucen zu erstellen, bedurfte es nur noch des Zusatzes von Butter oder Sahne, Salz und Pfeffer, zuweilen auch Petersilie, sowie etwas kaltangerührtem Kartoffelmehl.

In der Weihnachtsbäckerei hingegen verwendete man gestern wie heute die bekannten Gewürze-„Spezereien“, wie es in „Effi Briest“ heißt: Kardamom, Vanille, Zimt, Koriander, Anis und Nelkenpfeffer. Das sind noch immer die klassischen weihnachtlichen Geschmacksnoten, unterstrichen von Honig und Sirup. Bei den Getränken zuckerte man, nach heutigem Geschmack, zu reichlich. Und das, obwohl der Zucker teuer und es ein mühsamer Weg vom kristallinen Zuckerhut bis zum feinen Streuzucker war!

Die Rezepte sind, soweit nicht anders angegeben, für vier Personen berechnet.

Die Bezeichnungen entstammen nicht original den jeweiligen Rezeptbüchern, wohl aber der Text der Zubereitung.

Getränke

„Mein alter Wohltäter der Sherry aber,
dem ich wacker zusprach, schlug alle
Bedenklichkeiten bald aus dem
Felde ...“

Theodor Fontane,
Erste englische Reise 1844

Eiergrog „Hoppenmarieken"

Ein knapper Liter Wasser wird mit $^3/_4$ Pfund gestoßenem Zucker, 1 Löffel
Zitronensaft (kann auch weggelassen werden), $^1/_4$ Liter Arrak oder Rum,
2 ganzen Eiern und 2 Eigelb gut in einer tiefen Kasserolle geschlagen, dann, am
besten im Wasserbad, aufs Feuer gesetzt und unter beständigem Schlagen gar-
gemacht; die Hauptsache ist, daß der Punsch recht schäumig ist und auch dann
sofort getrunken wird.

(Läßt man die Zitrone weg, heißt es „Eierpunsch", sonst „Eiergrog", Anm. d. Herausgeb.)

Feiner Eier-Punsch, mit Sherry
für 6 Personen

1 Flasche guter, alter Rheinwein und 2 Glas Sherry werden zusammen aufgekocht; dann brennt man $^1/_2$ Weinglas Arrak darüber ab, indem man einen
großen Auflegelöffel mit Zucker über das auf kleinem Feuer stehende Gefäß
legt, den Arrak darauf gießt und diesen anzündet. Man hält dabei den Löffel so
über das Gefäß, daß der schmelzende Zucker hinein tröpfelt.

   Unterdes schlägt man 12 Eidotter und 400 g fein gesiebten Zucker schaumig
und gießt den gerade nicht kochenden, aber sehr heißen Wein nach und nach
dazu. Es muß dabei mit dem Schlagen fortgefahren werden und zwar so stark,
daß in dem Gefäß bis auf den Grund ein steifer Schaum ist. Dann füllt man das
Getränk in Gläser und serviert heiß.

Glühwein um 1898

Zwei Flaschen Rotwein mit 250 Gramm Zucker, 16 Gramm ganzem Zimmet, 20 Stück Gewürznelken und der dünn abgeschälten Schale von einer Citrone oder Pomeranze läßt man auf gelindem Feuer zugedeckt kochend heiß werden, gießt das Getränk durch ein feines Sieb und servirt es sofort.

Grog um 1900
für 4 Personen

Man löst 100 g Zucker in $^3/_4$ l kochendem Wasser auf, gibt $^1/_4$ l guten Arrak, Kognak oder guten Rum dazu und serviert den Grog in Gläsern. Je nach Geschmack kann man denselben mehr oder weniger stark, resp. süß machen.

Heißer Kirschpunsch „Mark Brandenburg"
für etwa 6 Gläser

Saft einer ungespritzten Orange, $^3/_4$ Liter schwarzer, kräftiger Tee, 250 g Zucker, leicht erwärmtes Kirschwasser, am besten aus Werder, nach Belieben, Geschmack und Bedarf.

6 Teelöffel Teeblätter werden mit dem kochenden Wasser aufgebrüht. Man läßt sie 5 Minuten ziehen, gibt den Tee durch ein Sieb in einen zweiten Topf. Hierzu kommt der Zucker und unter Erhitzen, nicht aber unter Kochen, der Orangensaft. Wenn der Zucker aufgelöst ist, füllt man das Getränk, nicht sehr voll, in Groggläser, in die man zuvor einen Glasstöpsel oder einen Teelöffel gibt. Jeder gießt nach Bedarf einen kräftigen Schuß Kirschwasser hinzu. Heiß trinken! Fröhliche Weihnacht!

Kirschpunsch „Oderbruch"

In ein Punschglas gibt man 2–3 Stück Würfelzucker und einen kräftigen Schuß vorgewärmtes Kirschwasser, etwa 1–2 Gläschen, dann gießt man mit kochend heißem Wasser auf und rührt um.

Knickebein „Alt Berlin", um 1890

In ein Spitzglas gießt man (bis zu etwa $^1/_3$ der Höhe) Rum und schlägt vorsichtig ein Eigelb darauf. Auf das Eigelb gießt man eine Schicht Vanille und darauf wieder eine Schicht Maraschino. Das Aufgießen muß so vorsichtig geschehen, daß die Schichten getrennt bleiben.

Punsch aus der Biedermeierzeit, um 1854

Lege in eine Terrine 1 Pfund Zucker, gieße 2 Kannen kochendes Wasser darüber und gieb den Saft von 2 Citronen und $^1/_2$ Kanne Rum dazu. Wer es liebt, kann die Schale von 1 Citrone auf dem Zucker abreiben und das Wasser erst mit etwas Thee durchziehen lassen.

(1 Kanne = 1 Liter, Anm. d. Herausgeb.)

Gewöhnlicher Punsch 1894, heiß

10 g Perlthee wird mit $^1/_2$ Ltr. kochendem Wasser angegossen und eine Viertelstunde zugedeckt stehen gelassen, unterdeß $1^1/_2$ Ltr. Wasser mit einem stark gewogenen Kilo Zucker, der Schale einer halben Zitrone und einem Stengelchen Zimmt aufgekocht, und währenddem der Saft von drei bis vier saftigen Zitronen in ein Geschirr ausgepreßt. Nun breitet man über eine Punschschüssel eine reine, zuvor durch laues Wasser gezogene Serviette, und gießt zuerst den Thee, dann den Zitronensaft und zuletzt das Zuckerwasser darein, worauf die Serviette weggenommen, $^1/_2$ Ltr. guter Rum oder Arak, oder $^1/_4$ Ltr. Rum und ebensoviel Arak zugegossen, und der Punsch sogleich in Gläser oder eine Punschschüssel eingefüllt und heiß serviert wird.

Feiner schmeckt solcher, wenn man eine Orange leicht an dem zum Punsch bestimmten Zucker abreibt, und den Saft in den Zitronensaft drückt.

Anmerkung: Je nachdem man den Punsch stärker oder schwächer wünscht, kann mit dem Rum und Zitronensaft vor- und nachgegeben werden.

(Stark gewogener Zucker bedeutet hier, daß der Zuckerhutzucker sehr fein gehackt, bzw. in einem Mörser zerrieben wurde, Anm. d. Herausgeb.)

Heißer Punsch 1898

Auf $^3/_4$ Kilo Zucker reibt man die Schale von einer Zitrone ab, legt diesen in eine Terrine, gießt $^1/_2$ Liter kochendes Wasser darauf, deckt die Terrine zu und läßt sie so lange stehen, bis sich der Zucker aufgelöst hat. Dann gießt man eine Flasche Weißwein, den Saft zweier Citronen, zwei Liter kochendes Wasser und eine Flasche feinen Rum dazu, rührt diese Mischung mit einem Holzlöffel gut durch und servirt den Punsch sehr heiß.

(In Ermangelung eines harten kristallinen Zuckerhutes, kann man heute einige Würfelstücke Zucker so lange an einer Naturzitrone abreiben, bis man das Gelbe ganz abgerieben hat. Das ist zwar mühsam, gibt aber ein feines Aroma, Anm. d. Herausgeb.)

Punsch „Alt Potsdam", heiß

200 g Zucker, 1 Vanillezucker, $^1/_2$ l Wasser, 1 Flasche Rheinwein, $^1/_4$ l Rum, Saft $^1/_2$ Zitrone und $^1/_4$ Apfelsine

Zucker, Vanillezucker und das Wasser bringt man in einem genügend hohen Topf zum Aufkochen, wobei sich der Zucker auflöst. Dann gibt man den Wein hinzu und erhitzt alles wieder bis kurz vor dem Siedepunkt. Der Rum wird in einem Extratöpfchen erhitzt und angezündet. Dann wird er zum übrigen Getränk gegeben. Der Zitrussaft wird durchgesiebt und ebenfalls dazu gegossen. Sofort servieren!

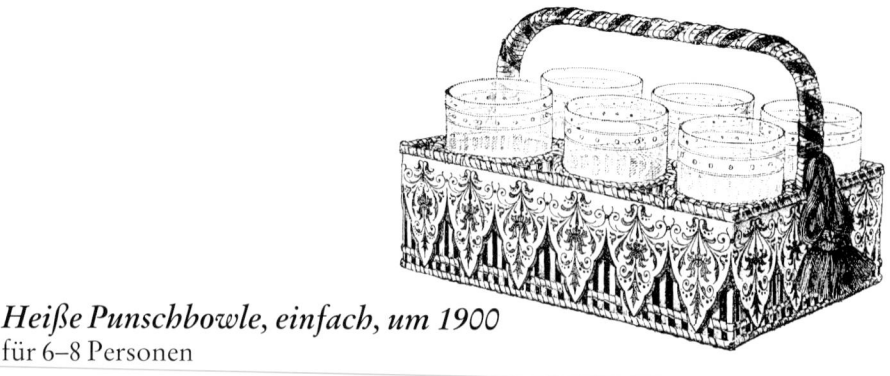

Heiße Punschbowle, einfach, um 1900
für 6–8 Personen

Zum Punsch (hindustanisch, Fünftrank) gehören nach alter Regel 5 Elemente: Wasser, resp. Teewasser, Zucker, Zitrone, Rum und Wein.

Am besten bereitet man die Punschbowle im Wasserbade, wo sie siedend heiß wird, ohne jedoch zu kochen.

Man tut 275 g harten Zucker, in Stücke geschlagen, in das zur Bowle bestimmte Gefäß und übergießt ihn mit 1 Liter kochendem Wasser oder 1 Liter Aufguß auf schwarzen Tee. Sobald der Zucker vollständig geschmolzen ist, gibt man 1 Flasche guten Rotwein oder Rheinwein, den Saft von 2 Zitronen, den man zuvor durch ein Mulltuch gegossen, und $^1/_2$ Flasche guten Rum dazu. Hierauf verdeckt man das Gefäß und läßt die Bowle siedend heiß werden. Ehe man die Gläser füllt, zündet man den Punsch mit einem Fidibus an und läßt die Flamme brennen, bis sie selbst erlischt. Man nimmt dadurch dem Punsch das ungemein Berauschende.

(Das Gefäß darf nicht aus Glas sein. Ein Fidibus ist ein langer gerollter Papierstreifen zum Anzünden, Anm. d. Herausgeb.).

Kalter Schwedenpunsch, um 1900
(für die Gastronomie)

In 6 Liter siedendem Wasser löst man 2 kg harten Zucker auf, gießt 7 Liter Arrak oder Cognac darauf, läßt die Mischung unter fortwährendem Umrühren gelind kochen, bis ein dünner Sirup entstanden ist, läßt denselben auskühlen, füllt ihn auf Flaschen und verdünnt ihm beim Gebrauch mit Weißwein.

Heißer Sherry-Punsch „Fontane", um 1890

$^1/_2$ Flasche Rum, 1 Flasche Sherry, 300–350 Gramm Zucker und 2 Liter Wasser werden nebst dem Saft einer halben Citrone erhitzt bis nahe zum Kochen und sodann serviert.

Kalter Sherry-Punsch
für 1 Person

½ Weinglas Orangensirup, einige Spritzer Zitronensaft, 1 ½ Weingläser trok-
kenen Sherry, zerstoßenes Eis, Orangenscheiben, Weintrauben, Puderzucker

Den Orangensirup und den durchgeseihten Zitronensaft gibt man in einen
großen Cognacschwenker und füllt mit zerstoßenem Eis auf. Dann gibt man
den Sherry hinzu und garniert das Glas mit einer Orangenscheibe und einem
Stäbchen voll Weintrauben, die man zuvor mit Zitronensaft angefeuchtet hat
und in grobem Zucker oder Puderzucker gewälzt hat.

Kalte Englische Whisky-Bowle

2 Glas Whisky, 2 Stengel frische grüne Pfefferminze, 1 Flasche Rheinwein,
1 Flasche Sekt

Man zerreibt die Pfefferminzblätter, begießt sie mit Whisky, läßt sie kurze Zeit
darin ziehen und gießt dann alles durch ein feines Sieb.
    Hierzu gibt man den Wein und läßt die Bowle 2 Stunden lang durchkühlen.
Vor dem Servieren gibt man den eiskalten Sekt hinzu.

Weihnachtliche Mittag- und Abendessen

„Ich beschränkte mich auf Kuß
und Händedruck
und aß ruhig und ausgiebig weiter ..."

Theodor Fontane,
„Von Zwanzig bis Dreißig"

Apfelmus zu englischer Gans

250 Gramm geschälte, entkernte und in Stückchen geschnittene Äpfel, am besten Boskop, werden mit einer kleinen gewürfelten, in Butter angedünsteten Zwiebel, sowie 2 Eßlöffel Zucker und $1/_8$ Liter Ale oder Stout zu Brei gekocht, ohne daß die Masse ansetzt. Dann verrührt man die Masse mit 2 Eßlöffel Semmelmehl, 1 Teelöffel Weinessig, 1 Teelöffel Senf, 2 Teelöffel gemahlenem Zimt und etwas Gänsebratensauce. Dieses alles kocht man 10 Minuten durch.

Pommersche Gans „Swinemünde", um 1900

Nachdem die Gans gerupft, gesengt und gewaschen ist, hängt man sie 3–5 Tage an einen luftig kühlen Ort; im Winter kann man sie noch länger aufbewahren. Soll sie nun gebraten werden, nimmt man sie aus und wässert sie $1/_2$ Stunde. Sie wird mit ungeschälten Aepfeln, einer Zwiebel und ein wenig Thymian gefüllt und mit einem kleinen Spieß zugespießt oder zugenäht.

Man gießt 2 Liter Wasser in die Bratpfanne und legt die Gans auf die Brustseite hinein, bestreut sie mit Salz und schiebt sie in den heißen Bratofen. Sie muß 2 $1/_2$ Stunden braten und fleißig begossen werden; 1 Stunde bleibt sie auf der Brustseite liegen, dann wendet man sie um, sollte das Wasser verbraten, tut man wieder – aber nur löffelweise – warmes Wasser dazu. Die Sauce muß nicht zu fett angerichtet werden, es muß braunes Jus darunter sein.

Gänsebraten „Pommernland"

Die ausgenommene, gesäuberte und evt. noch von verbliebenen Spieken befreite Gans wird von innen und außen mit Salz und ein wenig Pfeffer eingerieben. Dann füllt man sie mit getrockneten, steinlosen Backpflaumen, Apfelstücken (je 250 g) und den Blättern von 3 abgerebbelten getrockneten oder frischen Thymianstengeln. Man näht die Gans zu oder schließt sie oben und unten mit Rouladennadeln. Einen Gänsebräter füllt man mit etwas Wasser und

Der Gänsemarkt in Berlin.

legt die Gans, mit der Brust nach unten, hinein. Man brät sie nun bei guter Hitze, nachdem das Wasser verkocht ist, zuerst auf der einen Seite und dann auf der anderen, recht braun, aber nicht zu dunkel. Zwischendurch wird sie immer wieder mit dem Sud übergossen, der sich in der Pfanne gebildet hat. Ganz zum Schluß wird die Haut mit etwas Salzwasser eingepinselt und noch einmal überbräunt, um sie knusprig zu machen.

Bratdauer: 3 Stunden.

Es werden zum Servieren die Fäden oder Nadeln entfernt, das Obst vorsichtig entnommen und um die Gans garniert. Die Soße wird mit etwas warmem Wasser verdünnt und mit kalt angerührtem Kartoffelmehl leicht angedickt. Dazu gibt es Salzkartoffeln und Rotkohl.

Gänsebraten „Alt Berlin", um 1890
für 5 Personen, Zeit der Zubereitung 3 Stunden

Eine junge fette Gans wird nach Belieben mit Aepfeln oder Kastanien oder auch nur mit einigen Zweigen Beifuß gefüllt, in eine passende Bratpfanne gelegt, gesalzen und mit knapp $^3/_4$ Liter kochendem Wasser überfüllt und so beinahe 3 Stunden unter öfterem Begießen mit dem Wasser und dem später sich bildenden Fett gebraten, wobei man in der letzten Stunde allmählich Fett von der Sauce füllt. Etwa 5 Minuten vor dem Anrichten spritzt man 2 Löffel kaltes Wasser über die Gans, damit die Haut kroß wird, worauf man die Sauce gut entfettet. Man bindet die Sauce mit Kartoffelmehl, kocht sie mit siedendem Wasser bündig und fügt 5 Gramm Liebig's Fleisch-Extrakt zuletzt hinzu.

Pommersche Spickgans, um 1900

Die Gänsebrust wird sauber von dem unnützen Fett befreit, die kleinen Rippenknochen und das Rückenblut ausgeschnitten; dann wischt man sie mit einem Tuch recht trocken aus. Auf 2 Spickbrüste nimmt man 3 gute Hände voll Salz und 2 Messerspitzen Salpeter, mischt dieses und reibt damit die Fleischteile tüchtig ein. Dann streut man von diesem Salz in eine Mulde, legt die Brüste mit der Schwartenseite nach oben hinein, streut das noch übrige Salz darüber und stellt die Mulde kalt. Sobald sich Lake gebildet hat, begießt man die Brüste täglich einigemal damit. 4–5 Tage müssen sie in dieser Lake pökeln, dann nimmt man sie heraus, trocknet sie ab und wickelt sie in weißes Papier, nur nicht zu fest, auch muß es oben und unten offenbleiben, damit der Rauch hindurchziehen kann. So hängt man sie in den Rauch, der nicht zu heiß sein darf. In 5–6 Tagen sind sie gut und müssen an einem luftigen, trockenen Ort aufbewahrt werden, wo sie aber nicht gefrieren können. Das Band wird am unteren Ende zum Aufhängen durchgezogen.

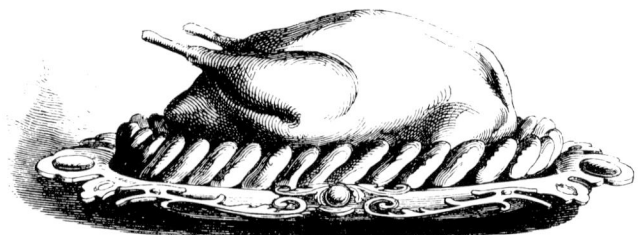

Pommersche Spickgänse ohne Knochen, um 1900

Aus der Gänsebrust löst man den Knochen behutsam heraus; man fängt am Flügelende an zu schneiden von beiden Seiten und läßt so wenig als möglich Fleisch am Knochen. Es muß eigentlich, wenn es geschickt gemacht wird, kein Fleisch daran bleiben. Wenn das Fleisch von beiden Enden gelöst ist, zieht es sich vollständig vom Knochen los. Das Fett von den Seiten wird noch abgeschnitten, dann streut man eine kleine Messerspitze Salpeter und recht viel Salz auf die Brust, reibt dies gut ein, näht dieselbe mit starkem Faden geschickt zusammen und legt nun die Brüste in eine Mulde oder Schüssel, bestreut sie gut mit Salz, füllt täglich öfter die Lake über und läßt sie 5–6 Tage in der Lake liegen; dann werden sie einen Tag oder eine Nacht mit einem Brett und Stein beschwert, in Papier gewickelt, aber nicht zu fest, oben und unten offen, und 8–18 Tage geräuchert; bei gelindem Rauch etwas länger. Diese Spickgänse halten sich sehr gut und sind zarter als die mit Knochen.

(Hierzu gab es im Swinemünder Elternhaus Teltower Rübchen mit und wohl auch ohne Bratkartoffeln, da das Gericht als Zwischengericht vor dem großen Braten und nach dem Fisch und der Suppe serviert wurde, Anm. d. Herausgeb.)

Pommersche gebratene Kartoffeln, um 1900

Man nimmt dazu die kleinsten Kartoffeln, kocht sie in der Schale, pellt sie rasch ab und brät sie dann gleich in Butter gelbbraun, indem man Salz darüber streut.

Geschnittene Kartoffeln brät man mit Butter und gewiegten Zwiebeln.

(Wiegen bedeutet feinhacken, Anm. d. Herausgeb.)

Teltower Rübchen, pommersche Art, um 1900

Die Rüben werden geschabt und in lauwarmem Wasser, worin etwas Mehl getan ist, gewaschen, dann in einem Schmortopf in weichem kochenden Wasser aufgesetzt; man wirft immer nur wenig Rüben hinein, damit das Wasser im Kochen bleibt; sind die Rüben weich, tut man Zucker, Salz und etwas braunen Saft oder Zucker dazu und etwas Schwitzmehl, wenn sie nicht sämig genug sind, wie auch einige Pfefferkörner.

Teltower Rübchen, Berliner Art, um 1890
5 Personen, Zeit der Zubereitung 2 Stunden

Man putzt ³/₄ Kilogramm der kleinen Rübchen recht sorgsam. – In 60 Gramm Butter röstet man 15 Gramm feinen Zucker, sowie 30 Gramm Mehl dunkelbraun, fügt knapp 2 Liter kochendes Wasser hinzu und bereitet eine dünnsämige Sauce. Die Sauce wird gesalzen, mit einer Messerspitze Cayennepfeffer gewürzt und mit 10 Gramm Liebig's Fleisch-Extract gekräftigt. – Die geputzten Rübchen werden in dieser Sauce auf sehr gelindem Feuer gedünstet, damit sie nicht anbrennen.

Hasenbraten, Berliner Art, um 1890

Einen blutfrischen Hasen hängt man an den Hinterbeinen auf, schneidet rings um die Hinterpfoten das Fell los und schlägt es zurück, trennt dann das Fell vom Bauch bis zum Unterkiefer auf, schneidet die Ohren weg und streift nun das ganze Fell vorsichtig ab.

Dem abgestreiften Hasen werden die Pfoten, der Kopf mit Hals, die Vorderläufe, und die Brust mit den Bauchlappen und Rippen abgehackt. Dann wird noch der Schluß zwischen den Hinterkeulen aufgehauen, damit der Hase schön platt liegt. Nun wäscht man ihn schnell und sauber mit k a l t e m Wasser ab (aber nicht wässern!), häutet ihn sorgfältig, und spickt reichlich mit fein geschnittenem Speck. Der Rücken muß auf jeder Seite zwei Reihen Speckstreifen bekommen. Die Vorderläufe, welche man beim Braten beilegen kann, werden ebenfalls gespickt.

Dann läßt man in einer Bratpfanne 250 Gramm Butter zergehen, legt den Hasen hinein, bestreut ihn mit Salz, befüllt ihn sofort mit heißer Butter und läßt ihn unter stetem Befüllen $1/_2$–$3/_4$ Stunde braten. Dann nimmt man den Hasen heraus und macht die Sauce, indem man den Bratensatz mit $1/_2$ Liter heißen Wassers abkocht, mit 10 Gramm Mehl abrührt und einmal aufkochen läßt.

Will man den Braten mit saurer Sahne haben, so thut man in der letzten $1/_4$ Stunde des Bratens $1/_4$ Liter saure Sahne an und kocht später den Bratensatz nur mit $1/_4$ Liter heißen Wassers los.

Krautsalat oder Rothkraut oder nur Aepfelmus giebt man dazu.

Heringssalat wilhelminisch, um 1890

4 Salzheringe werden 24 Stunden gewässert, von Haut und Gräten befreit, und in Würfelchen geschnitten. Inzwischen kocht man 1 Pfund Kartoffeln in der Schale, schält sie heiß ab, schneidet sie sofort in Würfel, und vermischt sie noch warm mit den Heringswürfeln. Dann schneidet man 1 Pfund ungeschälte, vom Kernhaus befreite Aepfel, 2 Salzgurken und 100 Gramm Zwiebeln ebenfalls würfelich, und mischt nun alles gut zusammen. Darauf macht man aus 100 Gramm Provencer Oel, 100 Gramm Essigsprit, 100 Gramm Zucker und 1 Theelöffel weißen Pfeffer eine Sauce, schlägt dieselbe tüchtig mit der Schneeruthe, quirlt die Heringsmilch an und gießt nun die Sauce über den Salat. Man arbeitet den Salat mittelst zweier Gabeln gut durch und garnirt ihn mit Scheiben von hartgekochten Eiern, Schlackwurststreifen, geschnittenen Pfeffergürkchen, eingemachten Kirschen, Zuckergurken u.s.w.

Weihnachtlicher Heringssalat „Stütze der Hausfrau"

4 Matjesfilets, gewässert, 2–3 Zwiebeln, 2–3 säuerliche Äpfel, 4 hartgekochte Eier, 2–3 saure Gewürzgurken oder Salzgurken, 125 g Jagd- oder Fleischwurst in dünnen Scheiben, 2 Eßl. Öl, 125 g süße flüssige Sahne, 1–2 Pellkartoffeln, Zucker, Salz und Pfeffer nach Belieben.

Man schält die Äpfel und Zwiebel und würfelt beides fein, Kartoffeln, Gurken, Eier und Wurstscheiben ebenfalls. Dann vermischt man alle Zutaten vorsichtig, und rührt ein Gemisch aus Sahne, Öl, Pfeffer, Zucker und Salz unter. Sollten die Heringe so zart sein, daß man sie nicht zu wässern braucht, ist mit der Salzbeigabe dennoch vorsichtig zu verfahren. Man kann auch noch einige Kompottkirschen unterziehen. Der Salat hält sich im Kühlschrank einige Tage und ist ein angenehmer Kontrast zu all den weihnachtlichen Süßigkeiten.

Heringssalat „ Rosa Wolke"
für 6 Personen

2 saure Heringe, 200 g Kalbsbratenreste oder Rindfleisch, 500 g gekochte, gepellte Kartoffeln, 100 g saure Gurke, 200 g Äpfel, Essig oder Zitronensaft (keine Essigessenz, sondern guter Weinessig!), 1 Prise Zucker, Salz, etwas geriebene rohe Zwiebel, 1 Teelöffel Senf, 2 Eßlöffel gutes Öl, ein kleines Glas abgetropfte rote Bete oder noch weniger.

Die in kleine Würfel geschnittenen kalten Zutaten mischt man mit dem Zucker, Salz, Senf, Essig und Öl und schmeckt ab, dann zieht man vorsichtig und portionsweise die kleingeschnittene eingelegte rote Bete darunter und schmeckt noch mit etwas Zucker nach. Der Salat muß einige Zeit im Kalten ziehen. Dann ist er nochmals abzuschmecken.

Man füllt ihn bergartig in eine Schüssel und garniert mit Eischeiben, Sardellen, Kapern, Gürkchen, Tomatenröschen. Statt des Öls kann man auch saure Sahne oder Mayonaise nehmen und diese mit etwas Milch verdünnen.

Altdeutsche Hummermayonnaise
für 4–6 Personen

Eine große Dose Hummer oder das Fleisch von drei gekochten Hummern, eine zubereitete Mayonaise-Sauce (s. diese), Essig, Öl, Pfeffer, Salz.

Man schneidet das Hummerfleisch in saubere Stücke und richtet es bergartig in einer Schüssel an. Man mariniert es für kurze Zeit mit Essig, Öl, Pfeffer und Salz. Unterdes bereitet man die Mayonnaise-Sauce und gibt diese über das Hummerfleisch.

Man garniert mit hart gekochten Eiern, Gurkenscheiben, Kapern und Salatherzen.

Mayonnaise

6 rohe Eidotter werden mit 1 Messerspitze weißem Pfeffer, 1 Teelöffel feinstem Senf und etwas Salz vollständig glatt verrührt. Nun gibt man unter beständigem Rühren $1/_8$ Liter feinstes Olivenöl hinzu, wobei man von Zeit zu Zeit auch einige Tropfen Zitronenöl hinzufügt. Man muß so lange rühren, bis die Sauce vollständig dick ist. Zuletzt setzt man noch etwas Estragon – oder guten Weinessig hinzu.

Zur Hummermayonnaise setzt man auch 2–3 Löffel Hummerwasser hinzu, wie man auch gern – bei frischem Hummer – die Hummereier mit verrührt, wodurch die Sauce eine rötliche Farbe erhält.

Kaviar anzurichten, um 1900

Kaviar ist der zubereitete und eingesalzene Rogen (Eier) der Sterlets und Stö-
re; guter Kaviar ist grobkörnig, dunkelgrün oder schwarz glänzend, und möglichst frei von weißen, schleimigen Bestandteilen. Er darf weder schmierig,
noch zu eingetrocknet sein, die einzelnen Körner müssen glasartig erscheinen;
auch muß jeder tranige unangenehme Geruch fehlen. Da Kaviar nur seinen
vollen Wohlgeschmack hat, wenn er vollständig kalt ist, so richtet man ihn am
besten in einer Service an, wie es umstehende Abbildung zeigt. In den Nickel-
untersatz legt man beim Anrichten kleine Eisstückchen. Auf den an der Seite
des Gestells angebrachten Haken findet der Löffel seinen Platz. Man reicht frische geröstete Semmelscheiben sowie Zitronen nebenher, die man in Viertel
oder Sechstel geschnitten. Man kann auch kleine Kuchen von Kartoffelmehl
oder Grieß, Blinis oder Plinsen genannt, statt der Semmel dazu geben. Bei
manchen Leuten sind auch wohl rohe, gehackte Zwiebeln zum Kaviar beliebt.
Auch in hart gesottenen Eiern kann man den Kaviar anrichten, indem man die
erkalteten Eier der Länge nach aufschneidet und das Weiße mit Kaviar füllt. –
   Kaviarschnitten werden von frischen oder gerösteten Semmelscheiben hergestellt, indem man dieselben mit Butter und danach mit einer dicken Schicht
Kaviar bestreicht. Den Rand der Schüssel, auf der man sie servirt, belegt man
mit Zitronenscheiben. Kaviar reicht man beim Diner nach der Suppe als Vor-
speise, gibt ihn auch des Abends zum Tee oder aber zum Frühstück.

Karpfen polnisch, um 1898

Von dem geschlachteten Karpfen fängt man das Blut in einer Schüssel auf, schuppt ihn, nimmt ihn aus und wäscht ihn. Dann spaltet man ihn in zwei Teile, schneidet diese in drei gleichgroße Stücke und bestreut sie mit Salz. Inzwischen hat man in einem Fischkessel oder großer Kasserole 1/2 Liter einfaches Bier zum Kochen gebracht, fügt Wurzelwerk und zwei in Scheiben geschnittene Zwiebeln, Citronenschale, Lorbeerblätter, gestoßenen Pfeffer und 80 Gramm Butter hinein, thut dann die Fischstücke, die Leber, Milch und Rogen, sowie das Karpfenblut dazu und läßt alles tüchtig zusammen kochen. Dann giebt man noch geriebenen Pfefferkuchen und geriebenes Schwarzbrot in die Sauce, schmeckt diese mit etwas Zucker und Weinessig ab und läßt sie recht sämig aufkochen. Zuletzt wird der Karpfen angerichtet und die mit ein wenig Butter abgeschmeckte Sauce darüber gegossen.

Dazu Salzkartoffeln mit gehackter Petersilie.

Preßkopf, nach Fleischermeisterart

Ein halber nicht zu fetter Schweinekopf wird gründlich gewaschen und gepökelt. Zuvor schneidet man möglichst viel Fett ab und ersetzt dieses durch mageres Schweinefleisch. Auch dieses wird mitgepökelt. Dann setzt man alles mit kochendem Wasser auf und kocht es ca. 2 1/2–3 Stunden recht weich. Nun löst man aus dem Kopf die Knochen. Man löst Fleisch, Fett und Schwarten voneinander und sortiert alles. Nun schichtet man in einem Tuch auf die mit der Außenseite zum Tuch gelegte Schwarte abwechselnd Fett und Fleisch, auch das gesonderte Fleisch, alles in kleine Stücken geschnitten. Dazwischen streut man pulverisiertes Majoran, Pfefferkraut, wenn nötig, auch ein wenig Salz (Vorsicht!). Man kann auch etwas Kümmel beifügen. Nun legt man den Rest der Schwarte auf das Fleisch und wickelt das Tuch fest darum. Man legt es in eine Schüssel und beschwert es. Wenn es erkaltet ist, entfernt man das Tuch.

Der Preßkopf wird nun in Scheiben geschnitten und mit Remouladensauce serviert. Dazu reicht man knusprige Bratkartoffeln.

Man kann den Preßkopf, nachdem man ihn mit dem Tuch fest umwickelt hat, auch noch für 2 Stunden in die heiße Brühe legen. Dann ist er besonders saftig. Daraufhin beschwert man ihn, z. B. mit einem Holzbrett und einem schweren Stein.

162

Remoulade

3 hart gekochte Eigelb, 1 rohes Eigelb, 3 Eßlöffel gutes Speiseöl, 3 Sardellen, $^{1}/_{2}$ Teel. Salz, 1 $^{1}/_{2}$ Eßlöffel Quark (oder mehr), grüne Petersilie, Schnittlauch, Borretsch, 1 Eßlöffel Senf, 1 große Gewürzgurke, Weinessig, Zucker, Salz und Pfeffer.

Das harte Eigelb wird in einer Schüssel gut mit der Gabel zerdrückt, dann kommt das rohe Eigelb, das Salz und in dünnem Strahl das Speiseöl hinzu, dabei wird alles unentwegt gerührt oder gequirlt. Die Sardellen werden sehr fein gehackt und mit ein wenig Essig verrührt. Dann wird die Sauce durch ein feines Sieb gedrückt. Nach dem Senf, sowie Zucker, Salz und Pfeffer, kommen die fein gehackten Kräuter und die feingewiegte Gurke hinzu. Quark und evt. etwas Milch gibt man jetzt nach Bedarf hinzu. Man kann auch das feingehackte Eiweiß unterheben. Nun muß die Remoulade kühl einige Stunden durchziehen. Vor dem Servieren muß sie nochmals abgeschmeckt werden.

Englisches Roastbeef „Britania", um 1900

Diesen Braten, welcher gut zubereitet, zu den vorzüglichsten Braten zu rechnen ist, bekommt man oft zähe und trocken vorgesetzt. Das liegt einesteils an der Beschaffenheit des Fleisches, andernteils an der falschen Zubereitung; dieser Braten verlangt eben eine besondere Aufmerksamkeit. Das Fleisch muß von einem jungen Tiere sein, welches im Sommer 2–3 Tage, im Winter mindestens 4–5 Tage vorher geschlachtet sein muß; alsdann muß es gut geklopft werden, muß die richtige Hitze bekommen, daß es möglichst schnell bratet, ohne jedoch zu verbrennen, und endlich muß es fleißig begossen werden. Man bereitet auch hiervon am besten ein größeres Stück, da dasselbe saftiger wird. Für 4 Personen würden 2 Pfund ausreichend sein. Man nimmt hierzu den sogenannten Rinderbraten oder das Rippenstück, welches man entweder mit dem an der innern Seite befindlichen Filet oder ohne dasselbe bratet. Wird das Filet oder der Mürbebraten mitgebraten, so empfiehlt es sich, dasselbe fein zu spicken. Man putzt das meiste Fett vom Rippenstück ab, wäscht es, trocknet es mit einem Tuche, klopft es mürbe und bratet es dann; dies kann sowohl am Spieße, wie im Ofen, als auch im Topf geschehen.

Im Ofen. Man rechnet auf 1 Pfund Fleisch etwa 50 g Butter. Das Fleisch wird in die Pfanne auf die Bratleiter gelegt, mit feinem Salz bestreut und mit der in

W. Zehme, Verkauf von Fleisch in einem Berliner Fleischerladen.

Stückchen zerpflückten Butter belegt. Alsdann gießt man 2 $^1/_2$ Liter kochendes Wasser unter, nicht ü b e r den Braten und schiebt die Pfanne in den Bratofen, der aber schon scharf heiß sein muß, damit das Fleisch sofort anfängt zu braten. Das Thermometer muß 100 Grad Réaumur (15 Grad C = 12 Grad R) zeigen. Erst nach 10 Minuten zieht man den Braten heraus und befüllt ihn das erste Mal; später muß man mit fleißigem Befüllen fortfahren. Wenn man so verfährt, wird der Braten stets saftig bleiben, denn auf diese Weise rösten die Fleischporen sehr schnell zu und das Austreten des Saftes wird dadurch verhindert. Dann läßt man mit dem Feuern nach, so daß das Fleisch nun langsam weich bratet; dieser Braten darf nicht umgewendet werden und es darf auch nicht mit der Gabel hineingestochen werden. Wenn die Sauce fertig gemacht wird, gießt man den Satz in einen kleinen Tiegel, gibt eine Obertasse saure Sahne dazu und läßt die Sauce sämig kochen.

Auf englische Art. Der Braten wird, wie oben beschrieben, im Ofen gebraten, doch läßt man ihn nur 40–50 Minuten braten, da er innen noch rosa sein muß. Man gibt keine Sauce dazu, sondern garniert den Braten mit geschabtem Meerrettich und Mixed Pickles und reicht Rührkartoffeln und Bratkartoffeln dazu.

Man gibt Reste von Roastbeef entweder kalt mit Remouladensauce oder als Fleischsalat oder verwendet sie zu Roastbeefpudding.

Festtagskuchen und -nachtisch

„Morgen (Donnerstag) erwart ich Sie
zu einem honetten Kaffe, zu einem Kaffe
aus dem 'ff. <...> Zum Einstippen Gedichte von
zweifelhaftem, aber auch Kuchen von
unangreibarem <...> Wert."

Theodor Fontane an Paul Heyse,
19. Juni 1850

Baumkuchen „Swinemünde", um 1900 und davor

3 $^1/_2$ Pfund Butter werden abgeschmolzen, damit alles Salz und Milch zurück-
bleibt, dann kaltgestellt bis zum andern Tage. Nun zu Sahne gerührt, 3 Pfund
geriebenen Zucker, von 3 Mandeln Eier das Gelbe nach und nach, sowie 1 $^1/_2$
Pfund Kartoffelmehl und ebensoviel Weizenmehl immer löffelweise dazu-
gerührt, zuletzt noch Kardamom und von 3 Zitronen die Schale abgerieben.
Man kann auch $^1/_2$ Pfund geriebene, süße Mandeln dazunehmen, will man ihn
schöner haben. Gar zu lange muß man diesen Teig nicht rühren, er wird sonst
zu locker; dann den Schnee der Eier hinzugetan. Zuletzt wird ein Guß von Eiweiß, feinem Zucker und Zitronensaft gerührt, bis er ganz weiß ist, und über
die Zacken des Kuchens gegossen, wenn derselbe eben vom Feuer genommen
wird und noch auf dem Baum sitzt.

Will man den Baumkuchen abbacken, so ist eine Hauptsache, daß das Papier
auf dem Baum gut befestigt wird. Man legt weißes, festes Papier um den Baum,
mehrere Bogen zusammen, nimmt dann Bindfaden, bindet ihn an der untern
breiten Seite des Baumes, wo ein kleiner Nagel sein muß, fest, wickelt ihn dann
ziemlich gerade um den Baum, aber nicht dicht, nur so, daß das Papier fest
bleibt; am untern Ende ist dann wieder ein Nagel, wo der Bindfaden befestigt
wird. Nun nimmt man etwas geschmolzene Butter, setzt den Baum ans Feuer,
bestreicht ihn mit der Butter, so viel, daß er ganz fettig ist und dreht ihn so lan
ge, bis das Papier recht heiß ist und Bläschen von Butter austreten; dann fängt
man an den Teig daraufzugießen, was durchaus ganz unregelmäßig und unter
langsamem Drehen geschehen muß, damit sich die Zacken bilden; nach jedem
Begießen muß der Teig immer erst vollständig braun backen, ehe wieder begossen wird. Ist der Kuchen fertig, nimmt man ihn vom Feuer, setzt ihn recht fest
und gießt nun unter Drehen den Guß darüber; ist er angetrocknet, nimmt man
den Baum, schneidet an den beiden Enden den Bindfaden los, stößt nun mit
dem untern Ende an einen festen Gegenstand, damit der Kuchen los wird; dann
zieht eine zweite Person den Kuchen behutsam ab und setzt ihn sogleich auf die
Schüssel; nun zieht man von oben den Bindfaden und das Papier heraus.

(1 Mandel Eier = 15 Stück, Anm. d. Herausgeb.)

Berliner Pfannkuchen, um 1827

¼ Quart geschmolzener Butter wird zu Sahne gerührt, dann kömt ebensoviel Gelb vom Ei, eben so viel süße Sahne, nebst 8 Löffel von guter Hefen und 2 Händen voll Zucker hinzu; der Teig wird nicht fest gemacht, dann wird er hingesetzt, daß er gut geht und nicht wieder geknetet, sondern Stücke abgerissen und in länglich breite Streifen gerollt, hierauf muß er nochmals aufgehen und dann in Schmalz oder Talg gebacken; jedoch werden sie in Talg besser. Auch kann man nach dem Rollen auch einen Theelöffel Eingemachtes hinein thun. Das abermalige Aufgehen ist aber eine Hauptsache dabei.

(1 Quart = in Preußen 1,145 Liter; die Kochbuchschreiberin hat übrigens das Mehl vergessen, es müßte wohl ein Pfund sein, Anm. der Herausgeb.)

Berliner Pfannkuchen „Biedermannslust", um 1854

Ein Pfund feines trockenes Mehl in ein Geschirr gethan, 4 Eßlöffel dicke Hefen oder 2 Loth Stückhefen mit 1 Kanne warmer Milch in einem Topf zusammen gequirlt, den dritten Theil von Mehl damit angerührt und an einem warmen Ort aufgehen lassen. Indessen 9 Loth zerweichter Butter und 6 Eidotter schaumig gerührt, dieses nebst 4 Loth Zucker, das Abgeriebene von einer Citrone, etwas Muskatenblume zu dem Mehl gethan und zu einem lockeren Teig gemacht. Dieser Teig wird auf einer Kuchenschiebe dick oder dünn ausgetrieben, an den vordern Rand etwas Eingemachtes oder Pflaumenmuß mit einem Löffel gesetzt, nun schlägt man den Teig über das Gefüllte weg und schneidet mit einem Rädchen die Pfannkuchen ab, legt sie auf ein Brett, welches mit mehlbestreutem Papier belegt ist, läßt sie an einem warmen Orte aufgehen und dann in heißem Schmalz schön gelbbraun backen. Wenn sie gebacken sind, werden sie heiß mit Zucker und Zimmt bestreut.

Berliner Pfannkuchen „Potsdamerstraße", um 1898 (altes Familienrezept)

320 Gramm Mehl w ä r m e man und rühre es dann mit 100 Gramm Butter, welche man im Tiegel zerlassen hatte, gut zusammen. Inzwischen hat man vier Eidotter, 35 Gramm Zucker, 3 Löffel Hefe mit $^1/_2$ Liter guter Sahne abgequirlt und füge nun die obige Masse dazu. Man arbeitet nun einen lockeren Teig daraus, treibt ihn auf dem Backblech gut aus, belegt ihn mit Marmelade, überschlägt ihn, rändert die Kuchen ab, läßt sie eine Stunde aufgehen und bäckt sie dann in siedendem Schweinefett dunkelbraun.

Pommerscher Blechkuchen „Stettin"

Für den Teig:
375 g Mehl, 125 g Butter, ca. $^1/_4$ l Milch, 60 g Hefe, 1 Teel. Zucker, Schale von einer Naturzitrone, gerieben.
Für den Belag:
300 g Butter, 300 g Mandeln, 150 g Zucker, einige ungehackte Mandeln, 1 Eigelb, etwas Milch.

Die Hefe wird mit einem Teelöffel voll Zucker in einer Tasse überstreut, nach einigen Minuten kann sie zu einer flüssigen Masse gerührt werden, man vermischt sie mit der geriebenen Zitronenschale und gibt sie in eine nicht zu kleine Rührschüssel. Butter und Milch werden erwärmt, so daß die Butter gerade geschmolzen ist, ohne daß die Milch kocht. Nun gibt man das Mehl in die Rührschüssel und verührt einen Teil mit der Hefe. Diesen Vorteig läßt man eine halbe Stunde lang an warmem Ort gehen und deckt die Schüssel so lange mit einem sauberen Küchentuch ab. Danach gibt man die abgekühlte Butter-Milch-Mischung dazu und verarbeitet alles zu einem Teig, der nicht zu fest sein soll. Diesen läßt man erneut abgedeckt etwa eine halbe Stunde lang gehen.

Er wird dann mit nassen kalten Händen auf einem gut gefetteten Backblech gleichmäßig verteilt und muß erneut gehen. Dann wird die Belagbutter mit dem Zucker cremig gerührt und ein kleiner Teil der Mandeln hineingegeben und verrührt. Diese Masse wird auf den Teig gestrichen, die restlichen Mandeln werden darübergestreut und einige ungehackte obenauf gegeben. Ein Eigelb wird mit ein wenig Milch gut verrührt und vorsichtig über alles gepinselt. Nun wird der Kuchen bei mittelstarker Hitze goldgelb gebacken und noch lauwarm mit einem scharfen Messer vom Blech gelöst und in Rechtecke geschnitten.

Pommerscher Blechkuchen, um 1900

1 Pfund Butter, 1 Pfund Zucker, 1 Pfund Mehl, 8 ganze Eier werden 1 Stunde gerührt, auf ein Blech gestrichen, gewiegte Mandeln und Zucker darübergestreut. Diese Masse gibt ein Kuchenblech $^3/_4$ voll, und weil der Teig im Ofen sehr verläuft, muß man etwas vorlegen. Nur hellgelb muß der Kuchen gebacken und noch warm in längliche Stücke geschnitten werden.

Blechkuchen I. (Mandelkuchen), um 1898

Man bereite zuerst einen feinen Hefenteig wie folgt:
80 Gramm Preßhefe werden in $^1/_4$ Liter lauer Milch aufgelöst, dann fügt man 500 Gramm Mehl, 60 Gramm Zucker, gestoßene bittere Mandeln, ein wenig fein gewiegte Citronenschale und etwas Salz daran. Hat man diesen Teig gut durchgeknetet, stellt man ihn warm zum Aufgehen. Nach und nach thut man noch 250 Gramm Mehl, drei Eier, 200 Gramm große Rosinen, sowie 200 Gramm Butter hinein und verarbeitet diese ganze Masse so sehr man kann. Inzwischen schnitt man süße Mandeln in Streifchen und streut darauf diese, wenn der Kuchen nochmals aufgegangen ist und mit Eigelb bestrichen wurde, auf denselben und bäckt ihn bei starker Hitze. Wenn er fertig ist, wird er mit sehr viel Zucker bestreut und nochmals heiß gestellt.

Blechkuchen II., um 1898

Aus 500 Gramm Mehl, acht Eidottern, 375 Gramm Zucker und 500 Gramm Butter bereitet man einen Teig, an den man noch zuletzt den steifen Schnee von acht Eiweißen giebt. Ist diese Masse recht gut durchgeknetet, rollt man sie auf dem gebutterten Backbleche aus, bestreut sie mit fein geschnittenen Mandeln und sehr reichlichem Zucker und bäckt den Kuchen bei guter Hitze.

Bretzel mit Mandel und Butter, um 1900 und davor

Zuerst bereitet man aus 375 Gramm Mehl, 200 Gramm Butter, 250 Gramm fein gewiegten, süßen Mandeln, fünf Eiern, Zimmet und 250 Gramm Zucker einen Teig. Aus diesem formt man auf dem Backbleche kleine Bretzeln, bestreicht diese mit Eigelb und bäckt sie bei gelinder Hitze.

Bretzeln I. „Napoleonisch", um 1900 und davor

Man bereitet einen Blätterteig nach Recept „Napoleonskuchen" und formt daraus, wenn man noch fein gesiebten Zucker darunter gemischt hat, kleine Bretzeln. Dann bestreicht man diese mit Eigelb, bestreut sie mit Zucker und bäckt dieselben auf dem Backblech bei mäßiger Hitze.

Napoleonskuchen (Grundteig)

Zuerst bereite man aus einem Pfund Mehl, 500 Gramm frischer guter Butter, drei Löffel Arrac und $^1/_8$ Liter frischem Wasser einen sehr steifen Teig, den man tüchtig ausrollt. Man schlägt ihn dann zusammen und läßt ihn ausruhen, und wiederholt dieselbe Manipulation dann noch einmal. Nun bestreicht man den fertigen Teig, welcher Blätterteig genannt wird, mit Eigelb, sticht öfters mit einer Gabel hinein, um das Blasenbilden zu verhindern und verwendet ihn weiter.

Bretzeln II., um 1898

Hat man 250 Gramm Butter schaumig geschlagen, vermischt man sie mit $^1/_8$ Liter süßer Sahne, 50 Gramm Zucker, 200 Gramm Mehl und einem Teelöffel voll Hirschhornsalz. Diese Masse arbeite man gut zusammen und forme kleine Brctzeln daraus, bestreiche diese mit Eigelb und backe sie bei nicht zu starker Hitze.

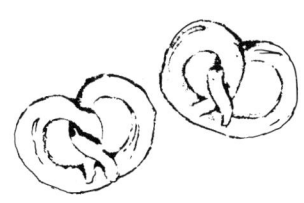

Große Butterbretzel „Apothekers Liebling", um 1900

1 ¹/₂ Pfund Mehl, ¹/₄ Liter Milch, 6 Eier und 40 Gramm trockene Hefe in lauwarmer Milch klargerührt und nebst einem Löffel voll Zucker aufgehen lassen. Mehl, Milch und Eier werden zusammengerührt, die Hefe dazu; dann wird der Teig an den Ofen gestellt und muß ein paar Stunden gehen. Nun legt man ihn auf ein mit Mehl bestreutes Brett, rollt ihn ganz platt, streicht ³/₄ Pfund Butter, die in der warmen Stube gestanden, darüber, klappt ihn zusammen, rollt ihn wieder auseinander, bestreut ihn mit ¹/₂ Pfund großen Rosinen, klappt ihn wieder zusammen und formt nun die Brezel; legt sie auf ein mit Mehl bestreutes Blech und läßt sie noch etwas aufgehen. Dann bestreicht man sie mit einem gequirlten Ei, bestreut sie mit 125 Gramm langgeschnittenen Mandeln und darüber mit einem Tassenkopf voll Zucker, worunter etwas Zimt gemischt ist. Eine Stunde muß sie backen.

Butterkuchen nach Fontanes Großmutter, um 1800
(„ Recept zum Butter-Kuchen, welcher ganz delicieuse ist vom Rath Jäger.")

11 Pfd. Mehl, 5 Pfd. Butter, 2 Schock Eyer, 1 Quart Milch, 1 ¹/₄ Quart Hefen, 1 ¹/₂ Pfd. Zitronat, 1 ¹/₂ Pfd. Rosinen, ³/₄ Pfd. Zucker, etwas Muskathen-Blüthe und etwas geschäte Zitronen-Schaale, 1 ¹/₂ Pfd. Mandeln.

Man nimmt die Butter, zerläßet sie, rühret die Milch und die Eyer, wenn sie etwas abgekühlet ist, darunter. Alsdann rühret man das Mehl und die übrigen Ingredenzien dazu, und zuletzt die Hefe. Wenn der Praetzel aus dem Ofen kömmt, wird er so lange mit Butter bestrichen, wie er nur immer annehmen will, und ...

NB. das Mehl muß ganz trocken seyn, das heißet, ausgetrocknet, sonst ist das Maaß nicht genung. Dieser Kuchen schmeckt erst den andern Tag gut.

Butterkuchen (Blechkuchen) „Berlin", um 1900

1 Kilogramm feines Mehl wird in eine Satte geschüttet. Man macht in der Mitte des Mehls eine Vertiefung, bringt dahinein 350 Gramm Butter, 2 Eier, 5 Gramm Salz, 50 Gramm zerschnittenes Citronat, ¹/₂ Liter lauwarme Milch, in welcher 80 Gramm Preßhefe aufgelöst sind und verknetet alles zu einem gleichmäßigen Teig. Dann legt man den Teig auf ein mit Butter leicht bestrichenes Blech, rollt ihn halbfingerdick aus, deckt ein angewärmtes Tuch darüber und läßt den Kuchen 1 Stunde gehen.
Dann belegt man den Kuchen mit 100–150 Gramm zerpflückter Butter, bestreut ihn mit einem Gemisch von 200 Gramm Zucker, 50 Gramm Zimmt und 50 Gramm feingewiegten Mandeln und läßt ihn bei guter Hitze etwa 2 Stunde backen.
(Eine „Satte" ist eine Schüssel, Anm. der Herausgeb.)

Christstollen „Lützowplatz", um 1898

Zuerst mache man in einer großen Schüssel oder einem Backtrog einen Teig an. Das gewärmte Mehl wird durchgesiebt und in die Schüssel gethan, in die Mitte gieße man nun etwas frische Milch und die nöthige frische Hefe und vermenge dieses mit etwas Mehl; dann schütte man die zerlassene Butter, große und kleine Rosinen, abgezogene, feingeschnittene, süße Mandeln, geschnittenes Citronat und Zucker nach Geschmack in den Teig und arbeite diese Masse tüchtig durch, bis der Teig so dick wird, daß er sich von den Händen löst. Nach und nach gießt man die erwärmte Milch daran. Darauf läßt man den durchgekneteten Teig am Ofen gehen, formt Stollen daraus und läßt sie darauf beim Bäcker im Backofen backen. Wenn sie vom Bäcker zurückkommen, werden die Stollen mit reichlicher Butter bestrichen und mit Zucker bestreut.

Katzenzungen (Langues de chat), um 1898

9 Eiweiß werden zu Schnee geschlagen und 300 g Zucker eingeschlagen. Dann meliert man darunter $^1/_4$ Liter geschlagenen Rahm, 300 g Mehl und etwas Vanillegeschmack. Diese Masse wird mit glatter Tülle in Tafelbisquitfacon auf gewachste Bleche dressiert und mittelheiß gebacken. Das Charakteristische daran ist, daß das Gebäck außen einen gelben Rand erhält, in der Mitte jedoch weiß bleibt.

Festlicher Kranzkuchen mit Vanille, um 1898

Hat man vier Eier mit 160 Gramm Butter zu Schaum geschlagen, gießt man 15 Gramm in lauer Milch aufgelöste Hefe darunter und fügt noch 500 Gramm Mehl und 125 Gramm Vanillenzucker dazu. Diesen Teig knete und arbeite man recht durch, dann flechte man ihn zu einem Zopfe, forme von diesem einen runden Kranz und lasse dann das Gebäck auf dem Backblech aufgehen. Darauf bestreicht man es mit Eigelb, bestreut es mit Zucker und bäckt es bei ziemlich starker Hitze.

Brandenburgische Krause Kuchen, von 1723

Dazu wird genommen süsser Rahm, das Gelbe von Eyern, Muscaten-Blumen, Salz und klar Weitzen-Mehl. Dieses muß unter einander fein steif geknetet werden, daß man es kan dünne mangeln; Denn muß man es mit einem Rädgen zerschneiden, wie man will und in ausgeschmoltzner Butter braten.

Krauß-Brod, nach Fontanes Großmutter, um 1800

Nimm von 8 Eyern das Gelbe und von 2 das Weiße, 2 Löffel voll Mehl, 2 Loth Kardamums, 1 Loth Zimmt, 2 Loth Muskaten-Blüthe, für 6 Pf. Orangen-Wasser, 4 Pfd. Zucker und eine abgeriebene Zitrone. Dieß quirlet man zusammen und thut soviel Weitzen-Mehl darunter, daß ein fester Teig wird; alsdann macht man von ihm harte Klöße. Die legt man auf ein Brett und rollt sie so breit und dünn, als es möglich ist. Dann nimmt man ein Back-Rad und schneidet die Stücke so groß als man sie haben will, und läßet sie in Schmalz oder Butter gahr backen.

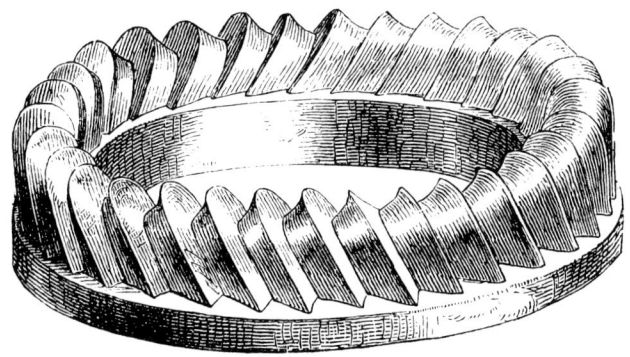

Krausgebacknes nach „Oberförsterinnenart", um 1900

Man bereitet aus 250 g Mehl, 250 g Zucker, 4 ganzen Eiern und 1 kleinen Obertasse Wein einen Teig; statt des Weins kann man auch 1 Weinglas Wasser und 3 Löffel Rum nehmen. Nachdem man den Teig gut verarbeitet hat, läßt man ihn einige Zeit am warmen Ort verdeckt ruhen. Dann rollt man den Teig messerrückendick aus, schneidet ihn mit einem Messer oder Kuchenrädchen in Streifen von 1 Finger Länge und 3 Finger Breite, schneidet jeden Streifen der Länge nach in der Mitte etwas ein und zieht das eine Ende durch die Öffnung. Nun gibt man die Küchlein sofort in das heiße Schmalz und richtet sie warm, mit Zucker und Zimt bestreut, an.

Anfertigung von Lebkuchen, auch Pfefferkuchen genannt, um 1898

(Das Wort „Lebkuchen" stammt vom lateinischen Wort „libum". Libum war ein Kuchen, der aus Mehl und Honig bestand. Diese Honigkuchen pflegte man in Rom zu Geburtstagen zu backen und in den ältesten Zeiten selbst den Götterbildern als Speise vorzusetzen. Zucker gab's damals noch nicht.)

Dieser Kuchen, der in manchen Gegenden in großen Massen verfertigt wird, erfordert einen guten Syrup, den man einige Male aufkocht, bis er den schwachen Faden bekommt und dann mit gewöhnlichem Semmelmehl anrührt. (Nur zu besonders feinen Sorten nimmt man Honig, zu weißem Pfefferkuchen Zucker.)

Dieser Teig bildet den Grundteig. Das Mehl darf erst dann in den Syrup eingerührt werden, wenn derselbe schon abgekühlt und nur noch lauwarm ist. Die richtige Festigkeit hat der Teig, wenn er keine entschiedene Neigung zum Auseinanderlassen mehr zeigt. Er wird gewöhnlich in Holzgefäßen aufbewahrt. Es ist gut, wenn er vor der Verwendung $1/4$ Jahr und darüber alt ist.

Als Hebestück verwendet man Pottasche, jedoch auch Ammonium, oder halb und halb. Pottasche ist billiger. Auch backt sich das Gebäck sogar besser damit. Man erhält sie gewöhnlich hart. Dann ist es schwierig, sie hinreichend fein zu pulverisiren. Man begießt sie deßhalb mit Branntwein, was auch sonst noch seinen Nutzen hat. Mittelst der Breche wird Pottasche und Grundteig tüchtig unter einander gearbeitet. Bei gewöhnlichen Lebkuchen genügt für 560 Gr. Grundteig 13 Gr. Pottasche, welches Quantum jedoch nicht immer ausreicht, namentlich wenn die Pottasche alt ist. Man macht deßhalb zuerst Proben; werden die Lebkuchen nicht gehörig hoch, so mengt man noch etwas Pottasche hinzu.

Zu feinerem Gebäck arbeitet man in den Grundteig Gewürz, Pommeranzenschale, Nelke, Nelkenpfeffer, Pfeffer, Mandeln etc., gleichfalls durch die Breche. Dann verbraucht man den Teig jedoch noch am nämlichen Tage.

Beim Verarbeiten rollt man ein schweres Stück aus und schneidet es in so viele Theile, als man Lebkuchen herstellen will. Zu größern Lebkuchen thut man besser, für jeden einzelnen den Teig abzuwägen. Bei ungeübten Leuten ist dies überhaupt erforderlich.

Beim Backen bedient man sich hölzerner oder blechener Formen, welche ziemlich tief eingestochen sind. Solche, die nicht gehörig mit Stichen bedeckt sind, blasen gern in die Höhe. Zu gewöhnlichen Lebkuchen bohrt man kleine Löcher in nicht eingestochene Holzformen, 6 mm weit auseinander.

Am besten gerathen die Lebkuchen, wenn man sie in einem großen Bäckerofen backt, in welchem schon vorher einige Male gebacken ist. Doch lassen sie sich auch in einem kleineren herstellen.

Wenn der Teig im Ofen zusammenfällt, so mengt man noch Grundteig hinzu, ohne Pottasche.

Pfefferkuchenfabrikation:
In den Backofen, um 1848

Thorner Lebkuchen, um 1898

Auf 15 Pfund Grundteig nimmt man 158 Gr. Pottasche, 560 Gr. grobgeschnittene Mandeln, 35 Gr. Zimmet, 13 Gr. Nelken, 9 Gr. Nelkenpfeffer, 9 Gr. Muskatblüthe, 9 Gr. Cardamom, 9 Gr. Sternanis und 3 Muskatnüsse. Ist der Teig gut durchbrochen, so wird er geformt und gebacken. Sind die Kuchen sämmtlich gebacken, so kocht man Zucker zum schwachen Faden, bestreicht sie schwach damit und läßt sie trocknen.

Zucker zum schwachen Faden: Bringt man geläuterten Zucker auf's Feuer, so kocht er zunächst zum schwachen Faden. Ein wenig davon streicht man mit dem Zeigefinger vom Schaumlöffel ab und zieht es unter Beihülfe des Daumens auseinander. Zieht es sich ein klein wenig in die Länge, um gleich darauf wieder zu einem Tropfen auf den Daumen zurückzufallen, so ist die Probe erreicht.

174

Lübecker Marzipantorte „Hanseatenstolz", um 1900

Marzipanmasse: 500 g ausgesucht gute Mandeln werden etwa 2 Stunden in kaltem Wasser eingeweicht, bis sie sich häuten lassen. Nach dem Abhäuten legt man sie nochmals in kaltes Wasser, damit sie recht weiß bleiben, dann gibt man sie in einen Durchschlag zum Abtropfen. Nachdem man die Mandeln grob gewiegt hat, zerreibt man sie in einer Reibesatte mit einer hölzernen Reibkeule oder stößt sie im Steinmörser; beim Zerkleinern vermischt man sie mit einigen Tropfen Rosen- oder Orangenblütenwasser, wodurch das Öligwerden der Mandeln vermieden wird. Hierauf gibt man 750 g fein gestoßenen gesiebten Zucker zu den Mandeln und wirkt beides zu einem recht festen Teig, den man alsdann nach Vorschrift gebraucht.

Marzipantorte: Die obige Marzipanmasse wird in eine flache Tortenform, die man mit Wachs ausgestrichen und mit Puderzucker ausgestäubt hat, gestrichen. Hierauf drückt man auf die Oberfläche mit einem dazu passenden Stempel, den man ebenfalls mit Wachs ausgestrichen und mit Puderzucker ausgestreut hat, Figuren ein und läßt die Torte in einem abgekühlten Ofen ein wenig trocknen, doch darf der Marzipan nicht hart werden, sondern muß weich und schneeweiß bleiben.

(Reibesatte = stabile große Schüssel aus Keramik zum Rühren; Reibekeule = kräftige Holzkeule zum Zerkleinern und Verrühren, Anm. d. Herausgeb.)

Königsberger Marzipan „Witwe Gasser", um 1900

1 Pfund süße Mandeln, worunter 40 Gramm bittere sein können, werden gebrüht, abgezogen, feingerieben, die Stückchen im Mörser gestoßen und die geriebene Masse auch noch, indem man nur immer wenig in den Mörser tut. Auf diese Weise werden sie recht, wie sie sein müssen, damit man es rollen und formen kann. Mandeln und 1 Pfund feingesiebter Zucker werden in einer Schüssel mit den Händen tüchtig geknetet, dazu gießt man 4 Löffel Rosenwasser. Dann nimmt man einen Teil Teig und rollt diesen auf dem mit Zucker bestreuten Backbrett so dünn, wie man es liebt, aus. Aus dem gerollten Teig sticht man nun mit einem Glase runde Kuchen oder nach aufgelegtem Papiermodell Herzen usw. aus. Dann schneidet man Streifen zum Rande, die man auf die mit Rosenwasser bestrichene Platte setzt. Die Formen bleiben unverändert, wenn man sie kaltstellt und erst am andern Tage in der Tortenpfanne, von oben nur, bäckt. Will man den Marzipan füllen, so bestreicht man ihn mit Gelee und deckt eine dünne Platte Marzipan über, dann den Rand; damit dieser festklebt, befeuchtet man den Marzipan an der Randstelle mit Rosenwasser. Ist er in der Tortenpfanne etwas von oben gebacken, was schnell geschieht, denn er darf nicht ausdorren, so überzieht man ihn mit einem Guß, der aus Rosenwasser und feinem Zucker, Zitronensaft darunter, gerührt wird, bis er wie Sah-

ne aussieht. Darauf belegt man ihn mit feinem Eingemachten. Den Rand vom Marzipan kerbt man mit einem Messerrücken, daß er Zäckchen bekommt.

(Tortenpfannen sind heute nicht mehr gebräuchlich. Sie bestanden aus schwerem Messing oder Kupfer und hatten einen tiefen Deckel, in den man Kohlenglut gab, so daß sie Oberhitze hatten. Von unten erhielten sie die Hitze, indem man sie auf das Feuerloch setzte. Heute übergrillt man das sog. „Randmarzipan", das ostpreußischer Provienz ist, sehr kurz, so daß es eben angebräunt ist. – Anm. d. Herausgeb.)

Magen-Morsellen (Herzzucker), um 1898

Etwa 840 Gr. Zucker kocht man zum kleinen Flug, tablirt ihn, was nicht viel Zeit erfordert, d.h. man streicht ihn mit einem Spatel an der Seite des Kessels hin und her, bis er anfängt, weiß zu werden, rührt das Weiße wieder unter das Ganze und fährt so fort, bis der ganze Zucker etwas weiß ist. Nun setzt man ihm einige Tropfen Citronenöl, Zimmt und Nelken zu und gießt ihn in Papierkapseln oder auf Brettchen. Kurze Zeit darauf nimmt man ihn heraus und schneidet ihn in Stücke.

Die Brettchen müssen etwa 58 Centimeter lang und 5 Centimeter breit sein. Man stellt ein Brettchen auf die Kante, legt ein zweites platt, stellt ein drittes wieder auf die Kante usw. Man bringt Klammern an, um die aufgestellten Brettchen geschlossen zusammenzuhalten. Das ganze Gestell darf jedoch erst kurz vor dem Gebrauch zusammengesetzt werden. Die Brettchen müssen nämlich vorher im Wasser liegen und beim Aufgießen des Zuckers noch naß sein.

Zucker zu läutern
In einem großen Kessel setzt man ein Quantum weißen Melis, welchen man mit Wasser übergießt, auf's Feuer, löst ihn mit Hülfe eines Schaumlöffels auf, zerschlägt 1–2 Eiweis mit etwas Wasser, gießt es an den Zucker, ehe er heiß ist, bringt ihn nun langsam zum Kochen, bis er in die Höhe steigt, übergießt ihn dann mit kaltem Wasser, wodurch er wieder zum Fallen gebracht wird, wiederholt dies 2–3 Mal, setzt ihn vom Feuer ab, besprengt ihn mit der Hand nochmals mit kaltem Wasser und nimmt den Schaum ab, der sich oben gebildet hat. Die Kruste, die sich an dem Kessel angesetzt hat, wäscht man mit der Bürste oder Schwamm zusammen und bringt den Kessel wieder auf das Feuer, weil immer noch einige Unreinigkeit im Zucker sich befindet, welche sich durch langsames Kochen beseitigen läßt. Der Zucker darf nicht zu dick gehalten werden. Er muß nach der Zuckerwaage 31 Grad (Baumé) haben, damit er beim Erkalten nicht candirt. Ehe er erkaltet ist, läßt man ihn durch ein feines Sieb laufen.

(Melis = früher minderwertiger Zucker, im Gegensatz zu raffiniertem, kam als Hut-, Platten- oder Brotzucker in den Handel; Zuckerwaage = Spezialgerät zum Messen des Zuckergehaltes, im Konditoreiwesen gebräuchlich, Anm. d. Herausgeb.)

Zuckerprobe:
Der oben beschriebene Zucker läßt sich nun zu 9 verschiedenen Proben kochen; 1) zum schwachen Faden, 2) zum starken Faden, 3) zur kleinen Perle, 4) zur großen Perle, 5) zur Blase, 6) zum schwachen Flug, 7) zum starken Flug, 8) zum Bruch, 9) zum Caramel.

Zum kleinen oder schwachen Flug.
Nach weiterm Kochen bläst man ebenfalls durch die Löcher des Schaumlöffels. Wenn kleine Blasen aufsteigen, so ist die Probe erreicht.

Mandel- oder Pistazienmorsellen „ Mohrenapotheke"

Man vermischt die Masse mit geriebenen oder feingehackten Pistazien oder Mandeln und schmeckt mit Ingwer und Zimt ab.

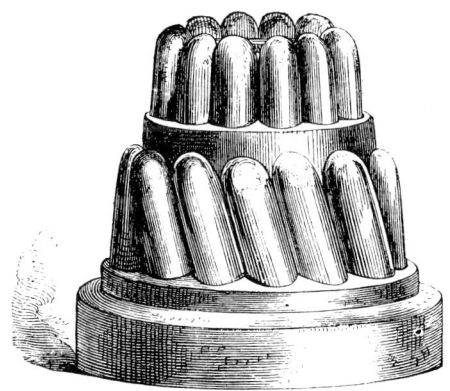

Napfkuchen nach Fontanes Großmutter, um 1800

Nimm 8 Eyer, etwas Milch, ein ganz Theil geschmolzene Butter, $^1/_2$ Loth Muskaten-Blume, geriebene Mandeln, wenn du willst auch kleine und große Rosinen, beides zusammen, 2 Quart Weiß-Bier-Bärme, vordem schmiere die Form mit Butter; ohngefähr halb voll mußt du sie gießen, wenn der Teig dann meistens so hoch gegangen, wie die Form, so schicke es nach dem Ofen.
　Auf 1 Metze Mehl nehme 2 Pfund Butter, $^1/_2$ Pfund Zucker, 1 Pfd. Rosinen, $^1/_2$ Pfund gestoßene Mandeln, 2 Quart Milch, 12 ganze Eyer, $^1/_2$ Quart Weißbier-Bärme, Zitronen-Schaale, und Muskatennuß. Die Form muß sehr fett ausgeschmiert werden.

(1 Loth = ca. 15 Gramm; 1 Metze preußisch = 3 Quart = ca. 3,435 Liter; 1 Quart = in Preußen 1,145 Liter; Bärme = Hefe)

Pottkuchen = Napfkuchen, von 1827

Man nimt 1 $\frac{1}{2}$ Pfund Mehl, $\frac{1}{2}$ Pfund Butter, 8 Eier, und einen halben Pott süße Milch.

Die Butter wird zu Sahne gerührt, die Milch gekocht und mit den Eiern zu der Butter gerührt, dann das Mehl dazu gethan und zwei Löffel voll Zucker, Gewürz nach Belieben, die Schale von einer Zitrone dazu gerieben.

Dies wird so lange nach einer Seite gerührt, bis es kleine Blasen wirft, dann zuletzt zwei Löffel voll Gest dazu gethan.

(1 Pott = ca. 0,9 Liter; Gest = Hefe)

Napfkuchen „nach Urgroßmutter", um 1898

Man menge aus $\frac{1}{2}$ Liter Milch, 125 Gramm Zucker, 250 Gramm zerlassener Butter, drei Eiern und einem Pfund Mehl, sowie ungefähr 100 Gramm Hefe einen Teig, den man tüchtig durchknetet. Dann läßt man diesen am warmen Ofen aufgehen, giebt ihn nach einiger Zeit in eine mit Butter ausgestrichene Napf- oder Kuchenform und läßt den Kuchen bei ziemlich starker Hitze backen.

Pommerscher Pfefferkuchen, um 1900

1 Liter Honig, 2 Liter Weizenmehl, 100 Gramm geriebene Mandeln, 18 Nelken mit 1 Eßlöffel voll Zimt, gestoßen, die Schale einer abgeriebenen Zitrone, 60 g kandierte Pomeranzenschale, feingeschnitten, alles tüchtig mit der Kelle durchgearbeitet; um dies zu können, muß man den Honig vorher heißmachen, er ist sonst zu steif. Ein Blech wird gut mit Mehl bestreut und der Teig zweifingerdick daraufgestrichen, 2 Stunden an einen warmen Ort gestellt und in nicht zu heißem Ofen, etwa 1 $\frac{1}{2}$ Stunden, langsam gebacken.

Pfefferkuchenmännchen „Kinderglück",
um 1900

5 Pfund Honig werden mit $^3/_4$ Pfund Butter,
1 Pfund Zucker, 60 Gramm Hirschhornsalz, das
in Rosenwasser aufgelöst ist, aufs Feuer gesetzt.
Sowie es anfängt zu steigen, wird es in eine große
Schüssel gegossen und hinzugetan: $^1/_2$ Pfund
feingewiegte süße und 60 Gramm bittere Mandeln, die gewiegte Schale von 2 Zitronen,
30 Gramm Nelken, 16 Gramm Kardamom und
30 Gramm Zimt, alles gestoßen. Mehl nach Gut-
dünken, so daß es ein recht fester Teig wird.
Dann setzt man ihn an einen warmen Ort, läßt
ihn 24 Stunden stehen, dann wird er abgeschnitten und ausgerollt, so daß er die Stärke eines halben Fingers behält. Die Bleche reibt man mit
Speck ab, sticht den Teig mit Formen aus, legt ihn auf die Bleche und läßt ihn
in gelinder Hitze backen. Ist der Kuchen gar, bestreicht man ihn mit dem Guß,
bestehend aus dem Schnee von 4 Eiern, $^1/_2$ Pfund Zucker und dem Saft von einer Zitrone. Dann schiebt man ihn noch einmal in den Ofen und läßt ihn
trocknen.

Pommersche Pfeffernüsse, um 1900

1 Pfund Honig, Gewürz nach Belieben, 1 Teelöffel voll Pottasche, Mehl soviel
man hineinkneten kann. Der Teig muß 1 Tag stehen, dann macht man finger-
dicke Rollen, schneidet die Nüsse davon ab, legt sie auf ein mit Mehl bestreutes Blech und bäckt sie in gelinder Hitze im Ofen.

Thorner Pfefferkuchen, um 1900

500 g Honig wird mit 500 g geriebenem Farinzucker eingekocht, bis er Blasen
wirft; alsdann werden 500 g ganze, abgezogene süße Mandeln hineingetan und
einmal darin aufgekocht; hierauf wird der Honig vom Feuer genommen, damit er auskühlt. Nun fügt man 10 g Pottasche, die man in Rosenwasser aufgelöst hat, hinzu, ferner 15 g Zimt, 15 g Nelken, 15 g Kardamom, alles fein gestoßen, 2 Muskatnuß und eine Prise Pfeffer. Zuletzt wirkt man 500 g Mehl darunter; der Teig darf nur locker sein und bleibt mehrere Tage verdeckt an einem
kühlen Orte stehen. Dann rollt man den Teig aus, schneidet längliche Kuchen,
verziert dieselben mit abgezogenen süßen Mandeln und backt sie bei mäßiger
Hitze.

Englischer Plumpudding
„Merry Christmas"
(Hausrezept der Herausgeberin)

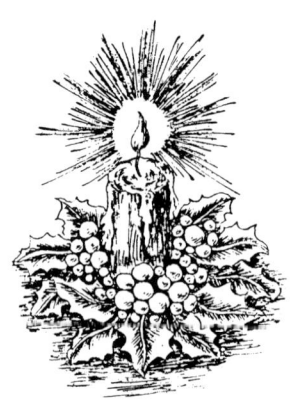

250 Gramm Rindertalg, Saft und abgeriebene Schale von je einer Natur-Zitrone und -Apfelsine, je 150 Gramm gewaschene Rosinen und Korinthen, 100 Gramm Weizenmehl, 300 Gramm Semmelmehl, 200 Gramm brauner Rohrzucker, 1 Prise Salz, 50 Gramm Orangeat, in der Küchenmaschine feingehackt, ebensoviel Zitronat, etwas gemahlenen Zimt, Muskatnuß, Piment, 50 Gramm kandierte Kirschen, feingehackt, 50 Gramm Mandelstifte, 4 Schnapsgläser voll Rum, 1 geschälte und geriebene Möhre, 6 Eier, hochprozentiger Brandy zum Übergießen und Anzünden, etwas Hagelzucker.

Man dreht den Rindertalg duch die elektrische Küchenmaschine, mischt die feingehackten Äpfel, die Schale und den Saft der Zitrusfrüchte, die Rosinen und Korinthen und die übrigen Zutaten, außer dem Brandy und dem Hagelzucker, darunter. Alles gut vermengen. Sollte die elektrische Knetmaschine die Rosinen und Korinthen zu stark zerteilen, alles mit der Hand mischen. Den Teig abdecken und über Nacht gehen lassen. Am nächsten Tag, vier Stunden vor dem Essen, in eine gut ausgebutterte und ausgebröselte Wasserbadform füllen, den Deckel schließen und vier Stunden im Wasserbad kochen, im Dampfdrucktopf entsprechend weniger. Dann den Pudding auf eine dicke Bratenplatte oder runde feuerfeste tiefe Platte stürzen und mit Hagelzucker bestreuen. Mit einer Saucenkelle (nicht etwa direkt aus der Flasche!) gießt man nun etwas angewärmten Brandy aus einem Töpfchen über den Pudding und zündet ihn an. Man serviert ihn brennend und reicht dazu eine Butter-Sauce.

Brandy-Butter-Sauce

125 Gramm Butter bei Raumtemperatur weich werden lassen, nicht auf dem Feuer schmelzen! Dazu rührt man 100 Gramm Zucker, bis die Masse weiß und schaumig ist. Nun gibt man 1 Eßlöffel voll Brandy hinzu und rührt nochmals gut durch. Man serviert die Sauce gut gekühlt.

Englischer Plumpudding „Rule Britania“, um 1900

250 g frisches Nierenfett wird gehäutet und ganz fein gewiegt, 200 g gestoßener Zwieback oder alte, geriebene Semmel mit $^1/_8$ Liter Milch eingeweicht und danach mit dem Nierenfett, $^1/_8$ Liter Rum und 3 ganzen Eiern gut verrührt. Hierzu kommen 100 g Zitronat und 50 g Arancini, beides fein geschnitten, ferner 50 g gestoßene süße Mandeln, 125 g Korinthen, 125 g Sultaninen und 200 g Zucker. Es ist gut, den Pudding schon 1–2 Tage vor dem Kochen einzurühren; man rührt ihn vor dem Kochen noch einmal gut durch, formt ihn zu einem Ballen und bindet denselben fest ein in eine Serviette, die man mit Butter ausgestrichen und mit Mehl bestäubt hat. Man hängt die Serviette in kochendes Wasser und läßt den Pudding 4 Stunden kochen. Beim Anrichten legt man einige Stücke Zucker herum, übergießt diese mit feinem Arrak und zündet denselben an der Tür des Eßzimmers an, um den Pudding brennend auf den Tisch geben zu können. Man reicht Chaudeausauce oder Sauce von Weißwein oder Madeira dazu. Man kann den Pudding auch kalt essen, oder den Rest in der Form oder Serviette frisch aufkochen und nochmals frisch zu Tisch geben.

(Arancini = gezuckerte, weichgekochte und getrocknete Pomeranzenschale, Anm. d. Herausgeb.)

Chaudeau – oder weiße Schaumsauce

4 recht frische Eier werden stark gequirlt, 1 Teelöffel Weizenmehl und 2 Eßlöffel Zucker darunter gerührt und schließlich $^1/_4$ l Weißwein gequirlt, bis alles klar ist. Hierauf bringt man die Kasserolle ins Wasserbad und schlägt die Sauce so lange, bis der Schaum steigt, sie darf jedoch nicht kochen. Dann wird sie in ein Geschirr getan und noch einige Minuten geschlagen, um das Gerinnen zu verhindern. Man serviert die Sauce heiß und kann sie nach Belieben mit etwas Zitronensaft oder Rum würzen, doch geschieht dies vor dem Kochen; auch von Malagawein kann sie bereitet werden.

Sächsische Wecken für die Kinder (Stollen), um 1854

Zu 2 Metzen gutem Weizenmehl nimmt man 4 Kannen gute Milch, 4 Pfund Butter, 2 Nösel gute Weißbierhefen (oder ¹/₂ Pfund Stückhefen), 2 Pfund große und 2 Pfund kleine Rosinen, ¹/₄ Pfund geschnittene Mandeln, 1 Loth gestoßene Muskatblume, etwas Salz und 2 Pfund gestoßenen Zucker, auch das Abgeriebene von 2 Citronen. Die kleinen Rosinen müssen einige Male gewaschen werden, und zwar so lange, bis das Wasser hell bleibt, dann trocknet man sie mit einer Serviette gut ab und liest sie recht fein. Die großen Rosinen werden blos mit einem trockenen Tuche abgerieben und rein gelesen.

Sollen nun die Stollen zu einer bestimmten Stunde gebacken werden, so muß man alles dazu Gehörige zurecht gemacht haben, auch das Mehl zuvor in die Stube nahe am warmen Ofen setzen, damit es nicht kalt ist, wenn es gebraucht wird. Alsdann wird das Mehl durchgesiebt, in die Backmulde (Backtrog) gethan, in der Mitte des Mehls eine Höhlung gemacht, gießt in diese Höhlung zuerst die Hefen, die aber kalt sein müssen, und vermengt sie mit etwas Mehl; dann schüttet man die zerlassene Butter, der Bodensatz muß zurückbleiben, die Rosinen, Mandeln und was sonst noch dazu gehört, über den Teig her, arbeitet Alles recht durcheinander, und zwar so lange, bis der Teig anfängt, sich von den Händen abzulösen. Nun breitet man in einem Korb ein weißes Tuch, bestreut es gut mit Mehl, legt den Teig hinein und setzt ihn an den warmen Ofen und läßt ihn so lange gehen, bis er zum Bäcker getragen wird. Sobald die Stollen aus dem Backofen kommen, streut man, nachdem man sie mit Butter bestrichen, Zucker und Zimmet darauf, besprengt sie wohl auch mit Rosenwasser.

(Ursprungsland der „Stollen" oder auch „Wecken" ist bekanntlich Sachsen. Hierbei gehen die Begriffe etwas auseinander: Der Weck, die Wecke ist das Weizenbrötchen als Frühstücksgebäck. Derartige kleine gehaltvolle Rosinenbrötchen ließ Fontanes Mutter offenbar zur Weihnachtszeit backen. Der Wecken ist im Bayrischen der Brotlaib, das Weckerl ebenda ein kleines Brot oder Brötchen, die Stolle – auch der Stollen, ist ein mitteldeutsches Weihnachtsgebäck aus Hefe, Rosinen , Mandeln und Zitronat.
1 Metze sächsisch = 1, 6662 Liter, 1 Dresdner Kanne = ca. 1 Liter,1 Nösel = 0,487 Liter, 1 Loth = 16 ²/₃ Gramm, Anm. d. Herausgeb.)

Zuckernüsse „Anno Dom.", um 1827

¹/₂ Pfund geriebener Zucker, 2 Eier, ¹/₂ Pfund Mehl, die Eier geschlagen, einen Löffel mit Rosenwasser dazu, den Zucker und das Mehl einen Löffel voll nach dem andern hinzugerührt. Gewürz nach Belieben.

182

Zuckernüsse oder weiße Pfeffernüsse, um 1827

1 Pfund weißer Zucker wird mit 6 ganzen Eiern eine halbe Stunde gerührt, dann 1 $^{1}/_{2}$ Pfund Mehl dazu, daß es ein fester Teig wird. Gewürz nach Belieben; am besten Cardamom, Citronenschale und Marseillen-Species. Zuletzt ein Quentchen flüchtigen Salmiack dazu, welcher kurze Zeit zuvor in einem Löffel lauwarmen Wassers aufgelöst werden muß in einem Glase, welches man zugebunden auf dem Ofen stellt.

(1 Quentchen = $^{1}/_{4}$ Loth, 1 Loth = ca. 15 Gramm, Anm. d. Herausgeb.)

Danksagung

Für die Beratung in Fragen der Lebensmitteltechnik und Backkunst danke ich Herrn Bäckermeister Christian-Friedrich Peter, Neumünster. Er hat mir erneut, wie schon bei meinem „Theodor Storm Kochbuch", außerdem freundlicherweise seine umfängliche Sammlung von Back- und Konditorei-Fachbüchern zur Verfügung gestellt.

Herrn Dr. med. dent. Reinhold Möller, Boostedt, gilt wiederum mein Dank für die Durchsicht und umfängliche Korrektur des Manuskriptes. Zahlreiche Hinweise und Verbesserungen gehen auf ihn zurück.

Den Mitarbeiterinnen und dem Mitarbeiter der Stadtbücherei Neumünster danke ich für die ständige Geduld und nie ermüdende Beratung. Ohne den dortigen reichen Fundus in Magazin und präsentem Bestand wäre auch dieses Buch nicht entstanden. Dank ist außerdem dem Verlegerehepaar Alix und Ingwert Paulsen, Schobüll, zu sagen, das sich konstruktiv durch Rat und Tat an dem Werdegang, insbesondere der Bebilderung, dieser Weihnachtsgeschichtensammlung beteiligte.

Herrn Professor Dr. Helmuth Nürnberger, Freienwill, gilt mein Dank für seine Hinweise zu dem umfänglichen Schrifttum, Theodor Fontane betreffend.

Anmerkungen

1) Wilhelm Hertz (1822–1901), Berliner Verleger und Buchhändler. Er veröffentlichte zahlreiche Arbeiten Fontanes. 2) George Fontane (1851–1887), ältester Sohn Fontanes. Er wurde Offizier und Lehrer an der Kadettenanstalt in Berlin-Lichterfelde. 3) Oranienstein, Schloß bei Diez an der Lahn, Kadettenanstalt. 4) Friedrich Fontane (1864–1941), genannt Friedel, jüngster Sohn Fontanes, Buchhändler und Verleger in Berlin. Er veröffentlichte auch Werke seines Vaters. 5) Hans Sternheim (geb. um 1880), Patensohn Fontanes, Sohn von Marie und Siegmund Sternheim, Bankier in Berlin. Das Ehepaar Sternheim war mit den Fontanes befreundet. 6) Kietz, Begriff für einen bescheidenen Vorort. Zwar waren Wannsee und Westend überwiegend elegante Vororte Berlins. Sie hielten aber, nach Fontanes Meinung, den Vergleich mit dem Gut Hohen-Vietz nicht aus. 7) In „Vor dem Sturm" tagt Lewin von Vitzewitz in dem literarischen Zirkel „Kastalia" in einem Lokal in der Nähe des Hausvogteiplatzes in Berlin. Die „Kastalia" schuf Fontane in Anlehnung an den „Tunnel über der Spree", einem zeitweise bedeutenden Berliner Literaturzirkel. 8) 9) 10) Figuren aus „Vor dem Sturm". 11) Verfügung Friedrichs des Großen aus dem Jahre 1755, zitiert bei Gundel Paulsen, Weihnachtsgeschichten aus Brandenburg, S. 116. 12) Schleife, einfacher Pferdeschlitten, für den ländlichen Hausbedarf, teilw. ohne Deichsel und eiserne Kufen. Der Begriff kommt von schleifen, rutschen, gleiten (auf dem Schnee). 13) „Waldteufel", Schwung-Reibtrommel, wird in der Luft geschwungen, auch „Brummtopf" oder „Rummelputt"; besteht aus einem Hohlgefäß aus Metall, Ton oder Schilf, das oben mit einer Membran verschlossen ist; diese ist mit einem Stäbchen durchbohrt und gerät ins Schwingen, wenn es hin- und herbewegt wird oder mit nassen Fingern gestrichen wird. Anstelle des Stäbchens können mehrere Fäden, zumeist Pferdehaare, benutzt werden. Der „Waldteufel" erzeugt ein merkwürdig brummendes Geräusch und war auf dem Berliner Weihnachtsmarkt sehr verbreitet. 14) Fries, ein in Tuch- oder Köperbindung hergestelltes, grobes, dem Flausch ähnelndes Woll- oder Halbwollgewebe. 15) Neufundländer, große Haushundrasse, kommt bei Fontane mehrfach vor, so z. B. auch in „Effi Briest". 16) Blaker, Kerzenleuchter mit Metallschirm, der das Licht reflektiert. 17) Zwillich oder Drell, glatte oder in Streifen gemusterte, dichte und feste Leinen- oder Baumwollgewebe. 18) Hoppenmarieken, eine zwergenwüchsige Botenfrau auf „Hohen-Vietz". 19) Tante Schorlemmer, die Hausdame auf „Hohen-Vietz", mit Herrenhuter Weltanschauung. 20) Singekinder, arme Kinder, die zu Weihnachten von Haus zu Haus zogen und gegen eine Spende Lieder sangen. 21) Manchester-Spenzer, eine bis zur Taille reichende, eng anschließende Überjacke aus sehr festem Rippensamt aus Baumwolle, benannt nach der englischen Stadt Manchester. 22) Konventikler, Mitglieder einer außerkirchlichen Versammlung zur religiösen Erbauung (Konvent), besonders im Zeitalter des Pietismus. 23) Hinweis auf die Niederlage Napoleons im russischen Winter 1812. 24) Kofen, niederdeutsch für Koben, Stall, Verhau. 25) Camera archaeologica, Studierstube des Pastors Seidentopf, in der sich früh- und vorgeschichtliche Exponate befanden; genau: die archäologische Abteilung, im Gegensatz zur theologischen Abteilung. 26) Es wurde Kaviar serviert, auch bereits im 19. Jahrhundert eine kostspielige Delikatesse. 27) Troglodyt, Höhlenmensch. 28) Plenus venter, non studet libenter – Ein voller Bauch studiert nicht gern. 29) Frau Schröder, die ständige Haushaltshilfe der Eltern Fontanes in Swinemünde. 30) Otto Freiherr von Manteuffel (1805–1882), preußischer Staatsmann, ab 1848 Minister des Innern, ab 1850 Minister des Auswärtigen, von 1850–1858 Ministerpräsident, verfolgte den streng konservativen Kurs der preußischen Reaktionszeit. 31) „Tunnel über der Spree", s. Anm. 7. 32) „Rütli", eine weitere Berliner Literaturgesellschaft, in der sich sowohl Theodor Storm wie auch Theodor Fontane literarisch betätigten. Sie war ein Ableger des „Tunnels über der Spree". Man traf sich reihum in den Privatwohnungen. 33) Café Divan, Londoner Clublokal am Strand, einer der Hauptstraßen des Westends, in der Nähe der Waterloo Brücke. Man bezahlte Eintritt, bekam eine Tasse Kaffee und eine Zigarre angeboten und durfte die Handbibliothek sowie die zahlreichen britischen und kontinentalen Zeitungen einsehen. Das Lokal war letztlich für Journalisten unverzichtbar. 34) Lerse, ein hoher Schaftstiefel. 35) Kabriolett, ein zweirädriger, einspänniger Pferdewagen. 36) Friesack und Cremmen, zwei Orte in der Mark Brandenburg, die Fontane in seinen „Wanderungen" beschreibt. 37) Simpsons Taverne, Londoner Restaurant, gegründet von John Simpson (1808–1862), besteht heute noch, war mit dem Café Divan verbunden. 38) Ludwig Metzel (1815–1895), bis 1858 der direkte Vorgesetzte Fontanes in Berlin, ab 1853 der politisch-publizistische Leiter der Berliner Zentralstelle für Pres-

seangelegenheiten. 39) Mrs. Wilmot, Fontanes Pensionswirtin in der Zeit vom 13. Oktober 1855 bis 18. Januar 1856 und vom 23. April bis 28. August 1856, ferner vom 23. Oktober 1856 bis 26. März 1857. Die Wohnung befand sich in der 23 New Omond Street, bzw. 92 Guilford Street. 40) Mrs. Morris, Ehefrau des Arztes und Schriftstellers Dr. James Morris (1826–1900), mit dem Fontane später eine jahrzehntelange Freundschaft verband. James Morris wird für den alten Fontane einer der wichtigsten Briefpartner werden. Mrs. Morris war Fontane, insbesondere im Jahr 1856, bei der Wohungssuche und der Anstellung eines Dienstmädchens sehr behilflich. Mit dem Ehepaar traf sich Fontane häufig in London, beispielsweise am Wochenende zum Picknick. 41) Mr. Edward Wood, Apotheker in London, bei der Pharmaceutical Society angestellt. 42) Julius Schweitzer, ebenfalls dort als Apotheker angestellt, später freiberuflich in Brighton und dann in Amerika tätig. 43) Josef Dinkel, Künstler aus Deutschland. 44) Rudolf Wenzel, Journalist, ein Mitarbeiter Fontanes an der „Deutsch-Englischen Korrespondenz" in London von 1855 bis 56. 45) Chairman, Oberhaupt, Vorsitzender. 46) Jakob Kauf(f)mann (1814–1871), ebenfalls Mitarbeiter an der „Deutsch-Englischen Korrespondenz". 47) Anspielung auf Heinrich IV. von Frankreich, Sohn der Jeanne d'Albret, der mit seinem kleinen Sohn Pferdereiten spielte, als der spanische Gesandte eintrat und später hierzu erklärte: „Ich habe zwar den König gesehen, nicht aber Seine Majestät." 48) Sechsundsechzig, ein Kartenspiel. 49) Henriette von Merckel, geb. von Mühler (1811–1889). Sie und ihr Ehemann kümmerten sich in den folgenden Jahren rührend um die Familie Fontane. 50) Traugott Wilhelm von Merckel, (1803–1861), Kammergerichtsrat in Berlin, Politiker und Schriftsteller, 1837 geadelt, Mitglied des „Tunnels über der Spree" und des „Rütlis", dort sein Name „Immermann". 51) Excellenz – Albrecht Graf von Bernstorff (1809–1873), preußischer Gesandter in London. 52) Eugene Heymann, Londoner Geschäftsmann, gebürtiger Schlesier. 53) Heinrich Beta (1813–1876), eigentlich Heinrich Bettziech, deutscher Journalist und Schriftsteller, Korrespondent für zahlreiche Blätter, z. B. „Die Gartenlaube", von 1850 bis 1861 als politischer Flüchtling in London. 54) „Ratti und der große Kandelaber", vermutlich eines der damals beliebten Berliner Schwänke, Verfasser unbekannt. 55) Hildebrand und Miethe, Berliner Pfefferkuchenbäckerei Hildebrandt, gegründet 1817, später die Schokoladenfabrik Theodor Hildebrandt; Miethe, ebenfalls Pfefferkuchenhersteller. 56) Wiegepferde, Schaukelpferde auf Karussellen. 57) Christian Friedrich Scherenberg (1798–1881), Berliner Epiker und Balladendichter, 1884 erschien Fontanes Arbeit: „Christian Friedrich Scherenberg und das literarische Berlin von 1840–1860". 58) Tuiscon Beutner (1816–1882), war von 1853 bis 1872 Chefredakteur der „Kreuz-Zeitung". 59) George Hesekiel (1819–1874), Schriftsteller und Publizist, Romanautor, war seit 1848 Redakteur der „Kreuz-Zeitung". 60) J. oder E. Fonrobert, Inhaber zweier Berliner Gummi- und Gutta-Percha-Fabriken. 61) Emilie Fontane ist im 7. Monat schwanger. Am 21. März 1860 wird Tochter Martha, genannt Mete, geboren. 62) Treu und Nuglisch, eine bekannte Berliner Parfümerie, nebst Fabrik, in der Jägerstraße. 63) Gideon Ernst Freiherr von Laudon (1717–1790), österr. Feldmarschall, stieg im Siebenjährigen Krieg zum General auf und entschied die Niederlage Friedrichs des Großen in der Schlacht bei Kunersdorf (12. August 1759). 64) Gimpe, mit Seide umsponnene Borte. 65) Chaperon, Kappe. 66) Remplacant, Stellvertreter; Fräulein Stein war die Schneiderin Emilie Fontanes, offenbar hatte sie jetzt einen Nachfolger. 67) Bernhard von Lepel (1818–1885), Offizier und Schriftsteller, langjähriger Freund Fontanes, Mitglied des „Tunnels" und des „Rütlis". 68) Julie Müller, Witwe des „Tunnel"-Migliedes und Rechnungsrates August Müller (1810–1865). 69) Als Mathilde von Rohr noch in Berlin in der Behrenstraße 70 wohnte, traf man sich nach den „Rütli"-Sitzungen und an anderen Abenden im kleinen Kreis bei ihr zu literarischen Zusammenkünften. 70) Fontane hatte am 30. Dezember Geburtstag. 71) Fontane hatte 1866 die Kriegsberichte „Der Schleswig-Holsteinische Krieg im Jahre 1864" veröffentlicht. Er sollte nun über den deutsch-französischen Krieg berichten. 72) Bernhard von Lepel, s. Anm. 67. 73) Friedrich Eggers (1819–1872), war seit 1863 als Professor für Kunstwissenschaft an der Berliner Akademie der Künste, Mitglied des „Tunnels" und „Rütlis", ein Freund Fontanes. 74) Julie Müller, s. Anm. 68. 75) W. Wolter, ein Handschuhmacherbetrieb in Berlin, Parochialstraße 57. 76) Sohn George. 77) Duncker und Humblot, Berliner Verlag, dessen Firmenzeichen ein Adler war. 78) per pedes apostolorum, zu Fuß wie die Apostel. 79) reisende „Kunstmaler", Anspielung auf Gerhard Söhlke, Landschafts-, Architektur-, Genre- und Bildnismaler (bes. Aquarell) in Berlin, wo er 1848/77 ausstellte. 80) Hans Weber, der Sohn Elise Webers, geb. Fontane, Patensohn des Dichters. Er war kurz vor Weihnachten 1879 vier Jahre alt geworden. 81) Friedrich Fontane, der jüngste Sohn Fontanes. 82) Phippine Fontane (1810–1892), genannt Pinchen, Ehefrau des

Halbbruders von Fontanes Vater, August Fontane (1804–1870). 83) Pepsin, ein verdauungsförderndes Ferment, wird durch Auslaugen der Magenschleimhäute der Schlachttiere gewonnen. 84) Katzenzungen, ein längliches, zungenähnliches Gebäck, früher aus Bisquitteig. Heute wird es aus Schokolade hergestellt. 85) Quersack, Doppelsack zum Überhängen. 86) Frau R. R. Müller, d. i. Frau Rechnungsrat Julie Müller, s. Anm. 68. 87) Manasse Unger (1802–1868), preußischer Major a. D., Kunsthistoriker und Schriftsteller. 88) 1866, Entscheidungsschlacht bei Königgrätz im Preußisch-Österreichischen Krieg. 89) Wilhelm Lübke (1826–1893), Kunsthistoriker, u. a. Dozent an der Bauakademie in Berlin, später in Stuttgart, Zürich und Karlsruhe. 90) Otto Roquette (1824–1896), Lyriker, Professor für Literaturgeschichte an der Kriegsakademie und Gewerbeakademie in Berlin, dann am Polytechnikum in Darmstadt. 91) s. Anm. 3. 92) Im Mai/Juni 1879 schrieb Fontane die Biographien über siebzehn prominente Feldherren und Staatsmänner, teilweise auf der Grundlage der Entwürfe des Schriftstellers Albert Emil Brach Vogel, der darüber verstorben war. Der Düsseldorfer Maler Wilhelm Camphausen (1818–1885) schuf die entsprechenden Reiterportraits. Der Folio-Prachtband erschien im Dezember 1879 unter dem Titel „Vaterländische Reiterbilder aus drei Jahrhunderten". 93) Karl Blechen (1798–1840), Vorimpressionist, Professor an der Berliner Akademie der Künste. 94) Georg Bath, Buchhändler in Berlin, Schloßfreiheit 7. 95) Schwanke, Berliner Feinkost- und Delikatessengeschäft in der Königstraße. 96) Gustav Langenscheidt (1832–1895), Sprachlehrer, Begründer des Langenscheidtschen Buchverlages in Berlin, verlegte Fachbücher insbesondere für den Sprachunterricht und Wörterbücher. 97) Oberregierungsrat Karl-Hermann Freiherr von Wangenheim (1807–1890) und Ehefrau Marie, geb. Freiin Aickner von Heppenstein (1814–1891). Fontane unterrichtete zeitweise deren Zwillingstöchter Elise und Ida. Die Wangenheims setzten sich erfolgreich für Fontanes Freilassung aus französischer Kriegsgefangenschaft ein. 98) August von Heyden (1827–1897), mit Fontane befreundet, Historienmaler, zeitweise Professor für Kostümkunde an der Berliner Akademie der Künste. 99) Dr. Wilhelm Brummerstaedt (gest. 1887), Hausarzt und Schwager der Familie Witte in Rostock. 100) Karl Zoellner (1821–1897), Jurist, zeitweise als Richter tätig, später Fontanes Nachfolger als Erster Sekretär an der Berliner Akademie der Künste, mit Fontane befreundet. 101) Paula Conrad, Berliner Schauspielerin am Königlichen Schauspielhaus. 102) Elimar und Gabler, Bekannte der Familie van der Straaten. 103) eine Wäschemangel, die kalt, nur durch den Druck von Feldsteinen, die Wäsche glatt rollte. 104) Wahlstatt, Ort in Niederschlesien, südöstlich von Liegnitz. 105) s. Anm. 57. 106) Thale, Ferienort im Ostharz. 107) Krummhübel, Ferienort im Riesengebirge (Schlesien). 108) Familie Baltzen, Jenaer Bekannte des Sohnes Friedrich Fontane. 109) Die Vossin, Vossische Zeitung (1704–1934), eigentlich „Königlich privilegierte Berlinische Zeitung von Staats- und gelehrten Sachen", liberale Tageszeitung. Fontane arbeitete dort bereits 1856 mit, von 1870–90 besprach er darin Theaterveranstaltungen. Im Vorabdruck erschienen in der Zeitung einige seiner Arbeiten. Haupteigentümer der Zeitung zu Fontanes Zeit war der Jurist Carl Robert Lessing (1827–1911). 110) Ludwig Schwerin (gest. 1888), Privatgelehrter in Berlin. Er hatte Fontane den Ort Krummhübel als Sommeraufenthalt empfohlen. Er versah Fontane mit Material über Christian Friedrich Scherenberg und rezensierte das Buch später. 111) „Die Journalisten", Lustspiel von Gustav Freytag (1816–1895) aus dem Jahre 1854. 112) Harun al Raschid (765–809), Kalif von Bagdad ab 786. Er machte Bagdad zu einem Mittelpunkt islamischer Kultur 113) Samuel Bleichröder (1779–1855), Bankier. Sein 1803 gegründetes Bankhaus in Berlin finanzierte später unter Gerson Bleichröder (1822–1893) Preußens Feldzüge von 1866 und 1870/71. 114) Karyatiden, langbekleidete weibliche Gestalt, die an Stelle einer Säule oder eines Pfeilers das Gebälk trägt. Sie wurde seit dem 6. Jahrhundert v. Chr. in der griechischen Kunst verwendet. 115) Pastor Schleppegrell, Romanfigur in „Unwiederbringlich", Reminiszenz an den Theologen Schleppegrell, Pastor in Broacker auf Alsen, von dem Fontane mehrfach in „Der Schleswig-Holsteinische Krieg im Jahre 1864" berichtet. 116) Julfest, dänisches Weihnachtsfest. 117) Cyper, Cypernwein. 118) Ludwig Pietsch (1824–1891), war seit 1864 Mitarbeiter der „Vossischen Zeitung". 119) Morsellen, Bonbons, bevorzugt von Apothekern hergestellt, wobei verflüssigter Zucker mit Geschmackszutaten versehen und in kleine Kästchen gegossen wird. Heute teilweise wieder in Apotheken nach alten Rezepten erhältlich.

Literaturverzeichnis

1. Novellen, Romane und Erinnerungen Theodor Fontanes:
Sämtliche wiedergegeben Texte der Novellen und Romane, sowie der drei Zeitungsartikel, können nachgelesen werden in der Ausgabe:
Theodor Fontane, Sämtliche Werke, herausgegeben von Edgar Gross, Kurt Schreinert, Charlotte Jolles u. a. Bd. 1–18; 18a; 19– 20; 21 , 1–2; 22, 1–3; 23, 1–2; 24. München 1959 ff (= Nymphenburger „Fontane-Ausgabe"). (Die Texte dieser Ausgabe sind ungekürzt, und, soweit sie von Edgar Gross herausgegeben wurden, greifen sie auf die Erstausgaben zurück, wo nötig auf Erstdrucke in Zeitschriften oder auf Manuskripte.)
sowie: Theodor Fontane, Gesammelte Werke, Ser. 1, Bd. 1–10. Ser. 2, Bd. 1–11. Berlin 1905–1910.
Theodor Fontane, „Meine Kinderjahre", Frankfurt a.M. 1983.
derselbe, „Wanderungen durch die Mark Brandenburg – Spreeland", München 1977. (Bei der Herausgabe wurde auf die Wohlfeile Ausgabe von 1892 und auf die Erstausgaben zurückgegriffen, wo nötig auf Erstdrucke in Zeitschriften.)
Daneben wurde der Anmerkungsapparat benutzt zu folgenden Ausgaben:
Theodor Fontane, „Unwiederbringlich", herausgegeben von Walter Keitel und Helmuth Nürnberger (Fontane Bibliothek Band 15), Frankfurt a .M. u. Berlin 1987; derselbe, „L'Adultera", dieselben Herausgeber (Fontane Bibliothek Band 7), a.a.O., 5. Auflage, 1991; derselbe, „Effi Briest", dieselben Herausgeber (Fontane Bibliothek Band 17) a.a.O. 1988; derselbe, „Die Poggenpuhls", dieselben Herausgeber (Fontane Bibliothek Band 18), a.a.O.,4. Auflage, 1992; derselbe, „Mathilde Möhring", herausgegeben von Gotthard Erler (Fontane Bibliothek Band 20), a.a.O., 7. Auflage, 1992.

2. Briefe, Tagebücher und Gedichte Theodor Fontanes:
Theodor Fontane, „Briefe an seine Familie",herausgegeben von K. E. O. Fritsch, Bd. 1 u. 2, Berlin 1905.
Briefe Theodor Fontanes, Zweite Sammlung, herausgegeben von Otto Pniower und Paul Schlenther, Bd. 1 u. 2, 2. Auflage, Berlin 1910.
Storm–Fontane, Briefe der Dichter und Erinnerungen von Theodor Fontane, herausgegeben von Erich Gülzow, Reinbek 1948.
Theodor Fontane, Briefe I–IV, herausgegeben von Walter Keitel und Helmuth Nürnberger, Frankfurt a.M. u. Berlin 1987.
(Dazu die Anmerkungen in: Theodor Fontane, Briefe, Register und Kommentar, erster und zweiter Teilband, herausgegeben von Walter Hettche, Christian Klug, Helmuth Nürnberger und Bernhard Zand bzw. herausgegeben von Helmuth Nürnberger u. bearbeitet von Walter Hettche, München 1988 und 1994.)
Theodor Fontane, Tagebücher 1852, 1855–1858, herausgegeben von Charlotte Jolles, unter Mitarbeit von Rudolf Muhs, sowie derselbe, Tagebücher 1866–1882, 1884–1898, herausgegeben von Gotthard Erler, unter Mitarbeit von Therese Erler, Berlin 1994.
Theodor Fontane, Gedichte, herausgegeben von Joachim Krueger und Anita Golz, Bd. 1–3 Berlin, 1. Aufl. 1989.
„Ich bin nicht für halbe Portionen", Essen und Trinken mit Theodor Fontane, herausgegeben von Luise Berg-Ehlers und Gotthard Erler , Berlin 1995.

3. Quellen zum Thema Weihnachten:
Verfügung Friedrichs des Großen aus dem Jahre 1755, zitiert in: „Weihnachtsgeschichten aus Brandenburg", herausgegeben von Gundel Paulsen, Husum, 4. Aufl. 1994.
E. T. A. Hoffmann, „Nußknacker und Mausekönig", Leipzig 1816.
Caroline von Humboldt, Briefe vom 23. und 29. Dezember 1815 in: „Wilhelm (1767–1832) und Caroline von Humboldt in ihren Briefen", herausgegeben von Anna von Sydow, Bd. 5, Berlin 1912.
H. L. Krause, „Zur Geschichte des Weihnachtsbaumes", in „Die Heimat", Monatszeitschrift, Kiel 1891, S. 219 – 221.
Alexander Tille, Umfrage zum Weihnachtsbaum, in „Die Gartenlaube", 1888.

Sybil Gräfin Schönfeldt, „Das große Ravensburger Buch der Feste und Gebräuche", Ravensburg 1980.

Ludwig Tieck, „Weihnacht-Abend" (1835), in „Gesammelte Novellen", Bd. 5, Berlin 1853, S. 139–186.

Ingeborg Weber-Kellermann, „Das Weihnachtsfest", München und Luzern 1987.

4. Back -und Kochbücher:

Hedwig Albrecht, „Neues Bürgerliches Kochbuch'", Dresden 1898.

„Das Brandenburgische Koch-Buch oder: die wohl- unterwiesene Köchinn", Berlin 1723

Mathilde Ehrhardt, „Großes Illustriertes Kochbuch für den einfachen bürgerlichen und den feinen Tisch", Berlin um 1900.

F. C. Fontane, „Wie man in Berlin zur Zeit der Königin Luise kochte", herausgegeben von Jenny Sommerfeldt und Elise Weber, Berlin 1903.

H. v. Geibler, „Pommersches Kochbuch", 8. Aufl. Kolberg (Pommern), 1925.

Mary Hahn, „Illustriertes Kochbuch für die einfache und feine Küche", 3. Aufl., Berlin 1913.

Carl Krackhart, „Neues illustriertes Conditorei-Buch", 6. Aufl. München 1898.

„Das handschriftliche Kochbuch der Lisette Reuter von 1827", herausgegeben von Wolfgang Müns, Rostock 1990.

Henriette Saalbach, „Die kleine Sächsische Köchin", Dresden 1854.

Elise M. H. Schulz, „Illustrirtes Kochbuch Germania für die bürgerliche Küche", 6. Aufl., Berlin (um 1890).

Bildnachweis

Aus folgenden Quellen wurden einzelne Abbildungen entnommen:

Archiv Antje Erdmann-Degenhardt, Neumünster: S. 35, 38, 39, 43, 45, 46, 47, 50, 61, 69, 70, 76, 86, 145, 147, 149, 151, 156, 157, 158, 161, 166, 172, 180, 182

Bilderbogen „Der Christtag", Nürnberg, 1. Hälfte des 19. Jh.: S. 1

Der „Viktorianische Haushaltungskatalog", Hildesheim, Zürich, New York 1992: S. 138, 148, 150, 162, 163, 167, 177, 178, 181

„Die Jahreszeiten", Bilderbuch zur belehrenden Unterhaltung für die Jugend, Eßlingen 1836: S. 49

„Die Kinderlaube", Dresden 1868: S. 64

Elisabeth Ebeling, „Knecht Ruprecht und der Weihnachtsengel", Dresden. o. J.: S. 44, 109, 110, 112, 179

Theodor Fontane, Meine Kinderjahre: S. 42, 47

„Theodor Fontane. Märkische Region & Europäische Welt." Ausstellungskatalog 20. 10.–16. 11. 1993, S. 128 : S. 51

Otto Huth, „Der Lichterbaum. Germanischer Mythos und deutscher Volksbrauch", Berlin 1943: S. 40, 42

„Kleiner Bilderschatz", Ein Buch für kleine, artige Kinder, Berlin o. J.: S. 53

Münchner Bilderbogen Nr. 417 (Auschnitt): S. 60

Ulrich Pietsch, „Große Welt in kleiner Hand", Lübeck 1988: S. 104

Ludwig Richter, in: „Ludwig Richters Familienhausbuch", Hünstetten 1978: S. 22, 24, 33, 41, derselbe, in: Klaus Groth, „Vör de Görn", Leipzig 1858, S. 42

Sammlung Alix Paulsen, Schobüll: S. 9, 12, 13, 16, 31, 75, 116, 117, 121, 155

Gustav Schönleber, in: Edmund Hoefer (Hrsg.), „Küstenfahrten an der Nord- und Ostsee", 1881: S. 115, 123

Otto Speckter, in: Klaus Groth, „Quickborn", Hamburg 1856: S. 23

„Unterhaltendes A. B. C. und Lesebuch", ein Geschenk für gute Kinder, Dresden o. J.: S. 10

„Weihnachten im alten Kinderbuch", zusammengestellt und Nachwort von Heinz Wegehaupt, Leipzig 1992: S. 87

Ingeborg Weber-Kellermann, „Das Weihnachtsfest. Eine Kultur- und Sozialgeschichte der Weihnachtszeit", München und Luzern 1987: S. 20, 27, 54, 59, 68, 118

Ferner aus den Zeitschriften (Verlagsarchiv):

„Daheim" Jg. 1878, Leipzig: S. 18

„Daheim" Jg. 1891, Leipzig: S. 72, 93, 171, 174

„Das Kränzchen", 6. Jg., Stuttgart: S. 88, 90, 136, 152, 153

„Die Gartenlaube", Jg. 1869, Leipzig: S. 114

„Die Gartenlaube", Jg. 1892, Leipzig: S. 28, 29, 30, 36, 82, 111, 124, 132, 134, 164

„Illustrierte Zeitung" Jg. 1871, Berlin: S. 55

„Leipziger Illustrierte", Jg. 1865, Leipzig: S. 139

„Moderne Kunst in Meister-Holz-Schnitten", X. Bd., o. J., Berlin: S. 101

„Über Land und Meer", Jg. 1869: S. 127, 142

„Über Land und Meer", Jg. 1886/87, I. u. II. Bd., Stuttgart: S. 98, 107, 128

„Über Land und Meer", Jg. 1897: S. 140

„Vom Fels zum Meer", Jg. 1895/96, Stuttgart: S. 85, 103, 160

„Zur guten Stunde", Jg. 1892, Berlin: S. 78, 79

„Zur guten Stunde", Jg. 1895, Berlin: S. 17, 77

„Zur guten Stunde", Jg. 1897, Berlin: S. 52, 57, 63, 130, 131

Aus Museen stammen:

Fontane-Archiv, Potsdam: S. 47

Heimatmuseum Neuruppin: S. 56

Märkisches Museum, Berlin: S. 89

Verzeichnis der Rezepte

Inhaltsverzeichnis